Historische Berufsbilder
Der Architekt

Herbert Ricken

Der Architekt

Zwischen Zweck
und Schönheit

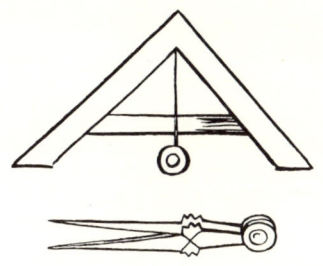

Edition Leipzig

Für Beate

Schutzumschlagmotiv:
Michelangelo Buonarroti erläutert Papst Paul III.
das Modell von St. Peter.
Gemälde von Domenico Cresti, gen. Passignano
(Casa Buonarroti, Firenze)

Einbandmotiv:
Titelblatt aus: Rivius, Vitruvius teutsch,
Nürnberg 1547

Frontispiz:
Offa, legendärer König der Ostangeln
mit seinem Baumeister, Buchminiatur,
14. Jahrhundert, Cott. Nero DI. f. 23v
(National Central Library, London)

Ricken, Herbert

Der Architekt: Zwischen Zweck u. Schönheit.
— [Leipzig] : Edition Leipzig 1990. — 202 S. : 58 Ill.
(Historische Berufsbilder)
ISBN 3-361-00300-8

© 1990 by Edition Leipzig
Lizenznummer: 600/44/90
Gestaltung: Traudl Schneehagen
Lektor: Birgitt Jäger
Satz und Repro: INTERDRUCK
Graphischer Großbetrieb Leipzig III/18/97
Druck und Herstellung:
Lorenz Ellwanger, 8580 Bayreuth
Printed in Germany
ISBN: 3-361-00300-8

Inhalt

Vom historischen Wandel des Architektenberufs

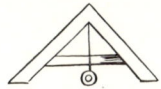

Einleitung

Jeder ist wohl versucht, seinen Beruf als den schönsten zu bezeichnen, wenn er nur von ihm erfüllt ist, wenn er sich in ihm zu verwirklichen vermag. Architekten haben hier ein besonderes Argument: Das Ergebnis ihrer Tätigkeit ist die aus dem Nichts geschaffene Gestalt menschlicher Lebensumwelt, ist die kulturelle Qualität jener Gehäuse, von denen die Bewohner als Heimat sprechen. Darin liegt die immer wieder neue Faszination des Architektenberufs und zugleich der hohe Anspruch an ihn.

Goethe sprach davon, wie es Orpheus gelang, mit Hilfe seiner Musik den wüsten Bauplatz zu einem Marktplatz mit Gebäuden voller Harmonie zu ordnen. Friedrich Schlegel verwendete das poetische Bild von der Architektur als gefrorener Musik. Paul Valéry schließlich läßt in dem Gespräch über die Architektur Phaidros die Meisterwerke rühmen, die »aus sich selbst heraus zu singen scheinen«.

Bis in die Gegenwart blieb die Metapher vom Architekten als dem Dirigenten eines großen Orchesters lebendig, wird Architektur immer noch als Mutter der Künste bezeichnet. Daraus folgernd dem Architekten das Monopol für die Gestaltung baulicher Umwelt zuzuweisen wäre jedoch ein verhängnisvoller Irrtum. Architektur entsteht allein aus dem Zusammenwirken von Bauherren, Architekten und Bauleuten, das einerseits durch das gesellschaftliche Umfeld, also durch die sich aus Produktionsniveau und -organisation ergebenden Handlungsspielräume und

7

8

Allegorie vom schlechten und guten Architekten,
Kupferstiche von Philibert de l'Orme, aus: L'Architecture, 1567

Regulative gemeinsamer Arbeit, und andererseits durch die konkreten zusammenwirkenden Persönlichkeiten geprägt wird. Die Tätigkeit des Architekten begann zu einer Zeit, in der das Bauen in der schrittweisen Angleichung einer durch Tradition begründeten Gestalt an sich langsam verändernde Anforderungen und Verwirklichungsbedingungen bestand. Der Architekt hütete die Regeln des Bauens, die – eingebettet in mythologische Überlieferungen – von einer Generation zur nächsten weitergegeben wurden.

Herodot hatte im 5. Jahrhundert v. u. Z. die Erbauer eines Stollens für die Wasserversorgung von Samos und von Brücken über den Bosporus und Hellespont als Architekten bezeichnet. Platon sprach im »Politikos« vom Architekten, der nicht selbst Arbeiter sei, sondern den Arbeitern gebiete.

Im alten Griechenland wurde der Architekt dann benötigt, wenn der Umfang eines Bauvorhabens einen fachlich kompetenten Mann erforderte und wenn seine religiöse Bedeutung für den Demos das Wissen um die Tradition und um die magischen Wirkungen architektonischer Form und dekorativen Schmucks voraussetzte.

Die Seiten 8 und 9 zeigen die Allegorie vom »guten« und »schlechten« Architekten, durch die Philibert de l'Orme, Hofarchitekt Henris II. von Frankreich und der Katharina de Medici, sein Ideal vom Architekten naiv, aber eindrucksvoll verbildlicht hat. Auf der linken Seite rennt der schlechte Architekt, in der Kleidung eines weisen und gelehrten Mannes in törichter Eile über Steine stolpernd, ziellos umher. Um ihn herum liegen – Symbole der Grobheit seines Geistes – Ochsenschädel. Er hat keine Augen, weil er die Wahrheit nicht erkennt, keine Hände, weil er nichts auszuführen versteht, keine Ohren, mit denen er die Ratschläge anderer hören könnte, und schließlich auch keine Nase, da er nicht riechen kann, was gut ist. Einen Mund jedoch hat er, mit dem er schwatzen und andere verleumden kann. Im Hintergrund droht eine mittelalterliche Festung – für de l'Orme das Kennzeichen einer veralteten Architekturauffassung.

Gegenüber, auf der rechten Seite, steht der gute Architekt im Gespräch mit seinem Schüler, dem er eine Zeichenrolle überreicht. Er ist mit drei Augen ausgestattet: für die Betrachtung von Gott, Vergangenheit und Gegenwart, um sein eigenes Werk mit Klugheit zu leiten, zur Beachtung der Zukunft und um alle Angriffe gegen sich erkennen zu können. Die Zahl seiner Ohren ist verdoppelt, da er mehr hören als sprechen muß. Vier Hände sollen ihm die Ausführung seiner Entwürfe ermöglichen. An seinen Füßen hat er Flügel, damit er zu den Baustellen eilen kann. Rechts im Vordergrund sprudelt die Quelle der Weisheit, und im Hintergrund stehen Gebäude in der modernen Manier der Renaissance. Diese vor über 400 Jahren erdachte Allegorie, unmißverständliche Absage an den mittelalterlichen Baumeister und Orientierung auf den Architekten nach dem Verständnis der Renaissance, ist auch heute noch bemerkenswert.

In den folgenden Kapiteln soll deshalb gezeigt werden, wie sich im Laufe der Geschichte Bauaufgaben, Schaffensbedingungen und Arbeitsmethoden der Architekten verändert haben, wie aber das architektonische Entwerfen und das Ringen um die Verwirklichung einer Gestaltungskonzeption als konstituierende Mitte der Arbeit des Architekten wirkte und wie sich schließlich der Berufsstand der Architekten formierte. Diesen vielschichtigen Prozeß verständlich zu machen soll auf folgendem Wege geschehen: Neben der skizzenhaften Darstellung historischer Kontinuität stehen im ersten Abschnitt problemorientierte Betrachtungen. Im zweiten Teil wird alles noch einmal aus dem Blickwinkel von Architekten selbst beleuchtet. Da sich die Zitate stets auf mehrere Aussagen im ersten Teil beziehen, wird dem Leser die geringe Mühe zugemutet nachzuschlagen, beide Teile parallel zu lesen. Sollte ihm dabei auffallen, daß viele Gedanken vergangener Zeiten nach wie vor oder erneut aktuell sind, dann war das Absicht.

Laßt uns nicht länger die Werke, sondern vielmehr die Künstler betrachten — das heißt: die Art, in der die Künstler fühlen, erfinden und hervorbringen.
Louis Sullivan

Von den Anfängen bis zum Ende
des Feudalabsolutismus

Die Baumeister der Pyramiden des Alten Reiches in Ägypten stammten aus königlichen Familien. Den ältesten von ihnen, Imhotep, Großwesir des Pharao Djoser (um 2980–2930 v. u. Z.), Hoher Priester, Magier, Arzt und oberster Aufseher über alle Arbeiten im Lande, verehrten die Griechen neben Asklepios als Gott der Heilkunst. Aber nicht als »Architekt« der Stufenpyramide von Sakkara genoß er göttliche Ehren, sondern weil er auf der Höhe des Wissens seiner Zeit stand, deshalb leitete er auch den Bau der gewaltigen Grabanlage für seinen Herrscher.

Amenhotep, Sohn des Hapu, Sproß einer berühmten Priesterfamilie, beaufsichtigte den Bau des Totentempels für den prunkliebenden Amenhotep III. (1400–1362 v. u. Z.) und durfte als besondere Auszeichnung seinen eigenen Totentempel unmittelbar hinter dem des Herrschers anlegen. Auch ihn verehrte man später als Gott.

Im Neuen Reich hatte sich die Verwaltung des Landes immer mehr von der Priesterschaft getrennt, wurden die Bauten von einer besonderen Berufsgruppe geleitet, die nur noch dem niederen Priesterstand angehörte. Die Nachrichten über einzelne Baumeister sind den Inschriften in ihren Gräbern zu verdanken, deren Zweck ein günstiger Richterspruch des Osiris war.

Erst tausend Jahre später nennen griechische Schriftsteller einzelne Architekten berühmter Bauwerke. Am Anfang steht der sagenhafte Daidalos, der auf Kreta das Labyrinth für den König Minos gebaut haben soll und mit Hilfe selbstgebastelter Vogelschwingen gemeinsam mit seinem Sohn Ikarus von der Insel geflohen sei. Überliefert sind die Namen von Architekten, deren Werke vom Ruhm griechischer Tyrannen im 7. und 6. Jahrhundert v. u. Z. künden. Samos, Naxos, Athen, Korinth, Sikyon, die Sitze der großen Tyrannengeschlechter, waren auch Zentren der Künste. Hier entstand mit der dorischen und ionischen Säulenordnung die klassische Lösung eines elementaren architektonischen Problems, der Verbindung von Säule und Balken. Theodoros von Samos, Goldschmied, Gemmenschneider, Bildhauer und Architekt, angeblich einer der Erfinder des Bronzegusses, schuf gemeinsam mit Rhoecus das Heraion von Samos. Chersiphron aus Knossos und sein Sohn Metagenes gingen als die Baumeister des älteren Artemisions von Ephesos in die Geschichte ein.

13

Ramses II. und die Göttin Seschat stecken die Fundamente eines neuen Tempels ab, 13. Jahrhundert v. u. Z., aus: R. Lepsius: Denkmäler aus Ägypten und Äthiopien, Leipzig 1897—1913, Tafelband III. 148

Im 5.Jahrhundert, im Zeitalter des Perikles, als in den griechischen Stadtstaaten eine Vielzahl von Tempeln errichtet wurde, häufen sich in der Literatur die Namen der Architekten. Genannt werden Kallikrates und Iktinos, die Erbauer des Parthenon, Mnesikles, Libon von Elis und der Nestor der griechischen Stadtplanung Hippodamos von Milet. Immer jedoch werden einzelne Architekten nur in Verbindung mit ihren Werken erwähnt. Über ihr Leben ist nichts zu erfahren. Höchstens über solche, die auch als Politiker berühmt waren, finden sich Bemerkungen in der Art wie über Hippodamos, dem man nachsagte, daß er lange Haare getragen habe und vornehm gekleidet gewesen sei.

Bauen war in der griechischen Polis Staatsaufgabe. Die Arbeiten leiteten Baukommissionen, zu denen auch Bauunternehmer gehörten, die damals als Architekten bezeichnet wurden. Erst in hellenistischer Zeit zeigte sich eine grundlegende Änderung. Alexander und seine Nachfolger, die Ptolemäer in Ägypten, die Seleukiden in Mesopotamien, die Attaliden in Kleinasien und die Antigoniden im Mutterland Hellas und in Makedonien förderten an ihren Höfen ein reiches künstlerisches und wissenschaftliches Leben. Architektur konnte nun nicht mehr Gestaltung des Raumes für Kult und Feier des Demos sein. Jetzt wurde sie in den Kult des Herrschers als das die bunte Völkervielfalt in den hellenistischen Reichen einigende Grundprinzip eingeordnet. In seinem Dienst gewannen die Künstler hohes Ansehen.

Das blieb auch unter römischer Herrschaft so. In den letzten Jahrzehnten der römischen Republik führten die lebhafter werdende Bautätigkeit der römischen Magnaten, vielfältigere Bauaufgaben und die Ablösung der starren griechischen Gebälkkonstruktion durch die anpassungsfähigeren Tonnen- und Kreuzgratgewölbe zu steigendem Bedarf an Architekten. In Rom und in den Provinzen bildete sich eine Hierarchie von Baubeamten heraus. Daneben praktizierten private Architekten, besser: Bauunternehmer. Vitruv, in seiner aktiven Zeit unter Caesar und

Augustus in einer Legion als Architekt tätig, war vermutlich am Bau von Aquädukten in der Stadt Rom beteiligt. Auch die Basilika in Fano, Umbrien, wird ihm zugeschrieben. In seinen »Zehn Büchern über die Architektur«, geschrieben zwischen 33 und 22 v.u.Z., stellte er hohe Ansprüche an Wissen, Können und Moral des Architekten sicher nicht, weil dies dem Durchschnitt entsprach, sondern ihm erstrebenswertes Ziel war. Hier findet sich auch zum ersten Mal das Wort vom Architekten als »Anwalt« des Bauherrn.

Umfangreicher werden die Nachrichten über die Architekten der römischen Kaiser. Tacitus bezeichnete den Architekten Severus als »magister et machinator«, als Aufseher und Ingenieur. Er habe Neros Palast, die »domus aurea«, auf dem Palatin in Rom gebaut. Vermutlich leitete er auch die Arbeiten am Auvernus-Tiber-Kanal.

Am bekanntesten ist Apollodorus von Damaskus. Aus der Vielzahl seiner Bauten für Kaiser Trajan ragen das Trajansforum in Rom und die 1050 Meter lange Donaubrücke von Dobreta (Dobreta-Turnu Severin, Rumänien) heraus. Cassius Dio berichtet, daß Apollodorus sich durch seine abfällige Kritik den Zorn des ziemlich in allen Künsten dilettierenden Kaisers Hadrian zugezogen habe. Zu Hadrians Entwurf eines Tempels der Venus und Roma in Rom hätte er nicht nur praktische Ratschläge gegeben, sondern auch gespottet, daß die Bildwerke der beiden Göttinnen so groß seien, daß sie beim Aufstehen das Tempeldach anheben würden. Das aber, meinte Cassius Dio, habe den Kaiser so beleidigt, daß er Apollodorus umbringen ließ.

Kennzeichnete noch zu Trajans Zeiten »architectus« einen hohen Rang in der sozialen Hierarchie, so ist er in der Schrift des Procopius von Caesarea über die Bautätigkeit des Kaisers Justinian »De aedificia« nur noch einer von vielen Fachleuten, dessen Aufgabe die Bewältigung konstruktiver Probleme sei. Angeblich beschäftigte Justinian selbst 500 Architekten.

Während man dem »architekton« die unmittelbare Anwendung der Theorie im Handwerk zusprach, würde der »mechani-

15

kos« oder »mechanipoios« die gesamte »mechaniké theoría« beherrschen. Procopius zählte dazu Anthemius von Tralles und Isidorus von Milet, die Architekten der Hagia Sophia in Konstantinopel. Anthemius war Mathematiker. Er hatte eine Abhandlung über Brennspiegel veröffentlicht. Isidorus war Herausgeber der Werke des Archimedes.

Die Vorstellung vieler Kunsthistoriker des 19. Jahrhunderts von den Baumeistern des Mittelalters als den »schlichten alten, ungelehrten Meistern im Schurzfell, die ihren Zirkel zu einem Riß stets mit einem frommen Spruch ansetzten« (August Reichensperger), erwies sich bald als wirklichkeitsfremde Romantik. Tatsächlich sind viele hundert Namen von Baumeistern in den europäischen Ländern bekannt geworden. Die Bezeichnung »Architekt« ist jedoch nicht mehr so häufig. Als Architekten oder auch als Baumeister in den verschiedenen Sprachformen treten jetzt die Bauherren auf. Die verantwortlichen Bauleute hießen in Heraushebung ihrer leitenden Stellung ohne Hinweis auf das Gewerk »magister, master, maistre«, auch: »magister operis, operarius«. Daneben finden sich die Bezeichnungen: »magister lapicida« und »archilapicida«, das heißt Steinmetzmeister. Mitunter konnte auch ein aus Burgund oder der Lombardei stammender Werkmeister »architectus« genannt werden, weil er »juxta more Romanorum« – nach römischer Sitte – mit Natursteinen bauen konnte.

Im frühen Mittelalter sind die Tätigkeiten, die üblicherweise den Architekten zugeschrieben werden, aufgeteilt auf:
– *die Bauherren* Erzogen in den »artes liberales« und aus der Kenntnis des Rituals und des ikonographischen Programms, konnten sie allein das Bauprogramm bis zur Raumkomposition und der bildkünstlerischen Ausstattung festlegen.
– *die Werkmeister* Anfänglich baukundige Mönche, später zunehmend Laienbaumeister, die, dank der Beherrschung elementarer geometrischer Regeln und ihres Handwerks, fähig waren, den Grundriß auf dem Baugrund und die einzelnen Bauglieder auszutragen und die Bauarbeiten zu leiten.

Das Rechnungswesen und die Kontrolle der Bauarbeiten übertrugen die Bauherren rechen- und schreibkundigen Verwaltern. Es kann davon ausgegangen werden, daß etwa im 12. Jahrhundert die Mönchsbaumeister endgültig durch Laien abgelöst worden sind. Aber noch im Jahre 1157 mußte das Generalkapitel des für sein zentralistisch organisiertes Bauwesen und seine präzisen Bauordnungen berühmten Zisterzienserordens ausdrücklich verbieten, daß einer seiner Brüder an weltlichen Bauten mitwirkt. Während in Großbritannien und Frankreich die gesamte Bautätigkeit durch königliche Ämter kontrolliert wurde, entwik-

17

Apollodorus von Damaskus (?), 2. Jahrhundert, Marmorbüste
(Staatliche Antikensammlungen und Glyptothek München)

kelte sich in Deutschland unter den Bedingungen einer relativ schwachen Zentralmacht, gestützt auf kaiserliche Privilegien, das System der Bauhütten als spezifisch mittelalterliche Form kollektiver Organisation des Baus der großen Kathedralen. Unter Leitung der Straßburger Hütte entstanden zwischen Rhein und Donau etwa 100 Hütten auf den Kirchenbaustellen. Voraussetzung hierfür, und damit eine der Wurzeln der Hochgotik, war nun die Übernahme der Bauherrschaft durch die Städte als Konsequenz der fortschreitenden Aushöhlung des naturalwirtschaftlichen Feudalismus durch die Geldwirtschaft. Unter diesen Voraussetzungen gewannen die Hüttenmeister zunehmend an künstlerischer Selbständigkeit, da sie nun die Aufgaben übernehmen mußten, die im frühen Mittelalter noch zu den Privilegien der Bauherren gehörten. Die Leitung des »Werks«, auch »domopera« oder »fabrica« genannt, wurde neu geordnet:

– Die Räte der Städte übten durch eingesetzte Kirchenbaukommissionen die oberste Kontrolle aus.
– Die Bauverwaltung oblag dem vom Rat bestellten Kirchenpfleger (»magister fabrica«).
– Dem Hüttenmeister unterstanden die Hütte mit ihren Meistern, Gesellen und Lehrlingen (Steinmetze und Maurer), die Reißkammer und eventuell der zum Bau gehörende Steinbruch.

Die erste weltliche Hütte gründete Albertus Argentinus, der Lehrer Erwin von Steinbachs, 1246 in Straßburg. Der Hüttenmeister war stets Steinmetz, Bildhauer, Bauleiter und nur in sehr begrenztem Umfang entwerfender Architekt. Er wird nicht in Zusammenhang mit einer Zeichnung oder etwa beim Zeichnen dargestellt, sondern beim Erteilen von Anweisungen auf der Baustelle. Seine Attribute sind Winkelmaß und Zirkel, das Werkzeug für den Riß im verjüngten Maßstab, aber auch für die »Bredter«, die Schablonen, und für das Aufschnüren der Grundrisse auf dem Baugrund. Das Können des Hüttenmeisters bestand vor allem im Zusammenführen der individuellen Leistungen der Steinmetzen und Maurer zum Bauwerk, in der Fähigkeit, aus dem vorgeschriebenen Bauprogramm, sich einordnend in den aus der Tradition des Kultus wie der Bautechnik gegebenen architektonischen Rahmen, einen konkreten Lösungsvorschlag für den nächsten Bauabschnitt grafisch darzustellen und die einzelnen Bauglieder zu bemessen.

Nach den erst seit der Mitte des 15. Jahrhunderts schriftlich fixierten Hüttenordnungen konnte sich jeder »Werkmann oder ein Meister« als Nachfolger des verstorbenen Hüttenmeisters bewerben. Die größten Chancen hatten freilich die Söhne, da die Weitergabe der Werkerfahrung vom Vater auf den Sohn am wirkungsvollsten die Kontinuität der Tradition sicherte. Auf diese Weise entstanden über drei und mehr Generationen reichende Baumeisterdynastien wie die Chambiges, Ensinger, Parler oder Roritzer.

Im ausgehenden Mittelalter beschränkte sich das Bauen in den Städten nicht mehr auf Kirchen- und Mauerbau. Der Bedarf an kommunalen Bauten, an Rat- und Zunfthäusern, Stadtwaagen, Spitälern, Mühlen und Lagerhäusern, an Wohn- und Geschäftshäusern der Fernhandelskaufleute und Bankiers stieg rasch an. Das gesamte städtische Gemeinwesen erforderte umsichtige Organisation und Kontrolle des Bauwesens. So leitete der Bildhauer Lorenzo Maitani in Siena nicht nur von 1310 bis zu seinem Tode 1330 den Dombau, sondern als »universalis caput magister« auch das gesamte städtische Bauwesen. Bereits 1262 gab es in den Sieneser Stadtstatuten Festlegungen über die öffentliche Baupflege.

Traditionsgemäß gehörten die Architekten zu den Zünften der Steinmetzen, Maurer und Zimmerleute, blieben sie in das Handwerk eingegliedert. Das änderte sich auch nicht, solange der Architekt seine Entwürfe kommunalen Baukommissionen vorlegen mußte. Giorgio Vasari berichtet ausführlich über die Schwierigkeiten Philippo Brunelleschis bei der Verwirklichung seiner kühnen Ideen zum Bau der Florentiner Domkuppel. Eine Lockerung ergab sich allein dadurch, daß die Städte untereinander um die berühmtesten Künstler zu wetteifern begannen. Die

19

Aber oft geschieht es, daß der Architekt sich dem Willen derer,
die bezahlen, mehr unterordnen muß,
als dem, was die Regeln vorschreiben.
Andrea Palladio

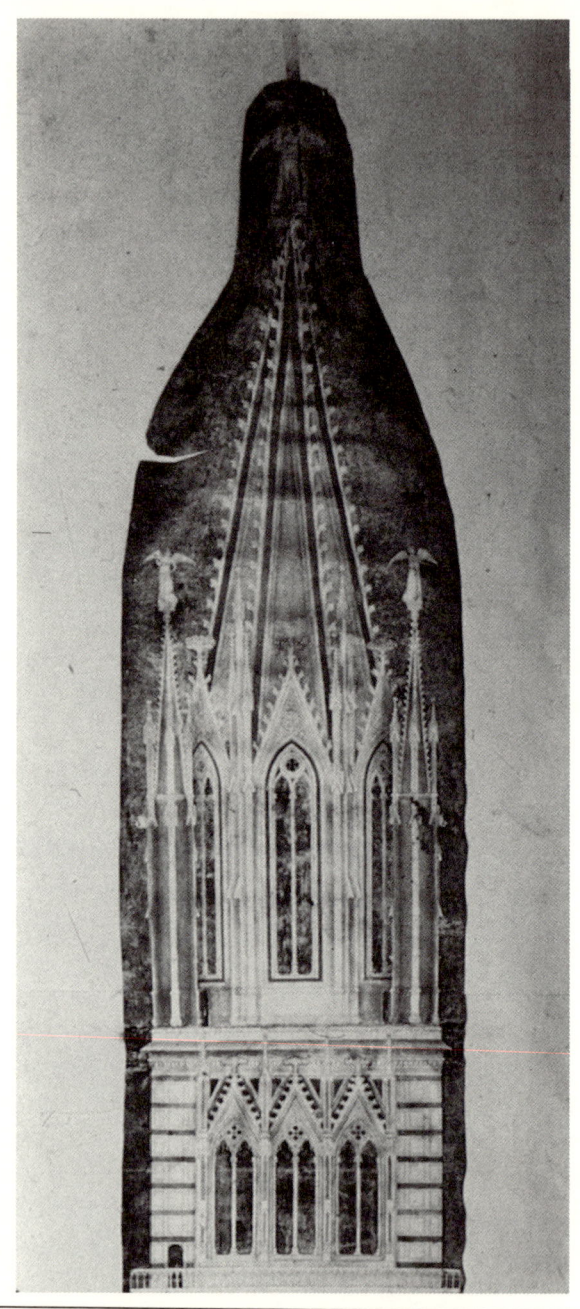

20

Giotto die Bondone, Entwurf zum Campanile des
Florentiner Doms, Ausschnitt,
1334 (Museo Opera del Duomo, Siena)

von Filarete und Alberti im 15. Jahrhundert angemeldeten Ansprüche des Architekten auf einen sozial höheren Rang blieben so lange unverstanden, bis der Beweis der Wissenschaftlichkeit der Kunst und das Mäzenatentum der Mächtigen hierfür die Voraussetzungen geschaffen hatten. Giorgio Vasari berichtet in seinen Künstlerbiographien mit Genugtuung, wie sich alte und neue Feudalherren um die Dienste bekannter Architekten gerissen hätten. Der Aufstieg des Architekten in der italienischen Renaissance ist untrennbar mit dem feudalen Mäzen verbunden.

Am Anfang stand die Berufung des Sieneser Malers Giotto di Bondone 1334 zum Dombaumeister in Florenz. Er hatte vorher noch nicht gebaut und wurde für dieses Amt, durch das er praktisch das gesamte Bauwesen der Stadt bis hin zum Bau der Stadtmauern in den Händen hielt, ausgewählt, weil er »doctus et famosus« (gelehrt und berühmt) war. Hier galt nicht mehr die Erfahrung des Baumeisters – erste Voraussetzung für die Berufung eines mittelalterlichen Hüttenmeisters –, sondern seine Wissenschaft und Gelehrtheit. Nur davon versprach man sich ausdrücklich Nutzen für die Stadt.

Künstlerischer Erfolg, das Bewußtsein, eine begehrte Wissenschaft zu besitzen, verbunden mit vielseitigem Unternehmungsgeist, der künstlerisches Können immer auch kommerziell zu nutzen verstand, zeichnete den erfolgreichen Architekten in der italienischen Renaissance aus. Nachrichten, wie sich dieses neue Profil und Leistungsvermögen der Architekten auf ihre Lebensverhältnisse auswirkten, sind mehr als spärlich. An solch umfangreichen Bauaufgaben wie St. Peter in Rom gab es für den Chefarchitekten, den Leiter der »domopera«, ein vertraglich festgelegtes Gehalt. Die Hausarchitekten der großen Familien erhielten regelmäßige Zuwendungen, die in den Abrechnungen der Bauarbeiten nicht ausgewiesen wurden. Hinzu kamen Geschenke für einen vorgelegten Entwurf oder für die glückliche Vollendung eines Bauwerks. Das konnten auch einträgliche Pfründe oder ein besoldetes Ehrenamt sein. Den Architekten gelang es, dann aus einem Bauvorhaben Gewinn zu ziehen,

21

wenn sie selbst oder Mitglieder ihrer Familie gleichzeitig als Unternehmer wirkten. Das war eine Geldquelle, deren Ergiebigkeit mehr vom unternehmerischen Geschick des einzelnen als von seiner fachlichen Leistung abhing.

Filippo Brunelleschi leitete nicht nur den Bau der Florentiner Domkuppel, er lieferte auch die für den Bau benötigten Steine aus seinem Steinbruch und transportierte sie mit dem von ihm konstruierten Lastkahn zur Baustelle. Michelangelo, der im Alter von 71 Jahren die Leitung des Baus von St. Peter übernahm, schimpfte nicht ohne Grund über die Geschäfte der »Setta Sangallesca« – der San-Gallo-Clique –, die sein Vorgänger, Antonio da San Gallo d. J., ins Geschäft gebracht hatte. Selbst Francesco Borromini, 24 Jahre lang Hausarchitekt der Sacra Congregazione di Propaganda Fide, trat als Lieferant von Baumaterial auf und wurde 1652 vom Papst mit einer einträglichen Pfründe belehnt.

Die gotische Kathedrale war stets das Werk vieler Generationen von Hüttenmeistern. Die Leistung des einzelnen ordnete sich in das größere Ganze der Religion und des Handwerks ein. Der Architekt in der Frührenaissance erlangte durch sein Werk Berühmtheit. Seit der Hochrenaissance jedoch – Michelangelo ist hier das herausragende Beispiel – stellt das Werk nur noch den Kompromiß zwischen der Idee des Künstlers und den einschränkenden Bedingungen des Bauens dar. Nicht das vollendete Bauwerk, sondern die ihm zugrunde liegende Idee, die sich am reinsten in der Skizze manifestiert, galt als Ausdruck des Genies. Der Architekt wurde damit aber von den handwerklichen Grundlagen seines Schaffens selbst abgehoben.

Im ausgehenden 15. und im 16. Jahrhundert beherrschten Maler, wie Bramante, Peruzzi, Raffael oder Giulio Romano, und Bildhauer, wie Michelangelo, die San Gallos oder Sansovino, die italienische Architektur. Lediglich Antonio da San Gallo d. J. und Sanmicheli waren als Architekten ausgebildet worden. Erst nach 1540 wirkte kein Maler mehr als Architekt. Steinmetze und Stukkateure gaben in der Architektur der italienischen Spätrenaissance den Ton an wie Andrea Palladio und die vom Luganer

See stammenden Gebrüder Giovanni und Domenico Fontana und ihr Neffe Carlo Maderna.

In den Ländern nördlich der Alpen setzte nach 1500 die Ablösung des mittelalterlichen Werkmeisters durch den an der italienischen Renaissance geschulten Architekten ein, der in Frankreich anfangs als »Valet de Chambre«, als Kammerdiener, vom Feudalherren aus der Zunft herausgehoben wurde. Um nach italienischer Manier bauen zu können, mußte man auf einer Studienreise die großen Vorbilder in Italien gesehen haben. Die

23

Heinrich Schickhardt, Fassade von San Fedele in Mailand,
Reiseskizze, aus: Heinrich Schickhardt, Raiss in Italia
Anno 1598, A. E. Brinckmann: Studienreisen von Architekten
in fünf Jahrhunderten, in: Baukunst, 4. 1928, H. 7

ersten französischen Baumeister, die nach Italien wanderten, waren Pierre Lescot, Jean II Bullant, Jacques I Androuet Ducerceau, Philibert de l'Orme und Thibaut Métezeau. Dank der im Buchhandel erhältlichen Traktate konnten auch die Daheimgebliebenen auf Theorie und Beispiele der italienischen Renaissance zurückgreifen. Darüber hinaus boten sie einen Überblick über die neuesten Bauten im eigenen Lande. Zu nennen wäre hier vor allem:

– der »Vitruvius teutsch« des Straßburger Arztes Walter Ryff (Rivius), eine Übersetzung des Vitruv mit Kommentar von 1547
– das »Livre d'Architecture« von Jacques I Androuet Ducerceau von 1559 und »Le premier Tome de l'Architecture« von Philibert de l'Orme, 1567
– «The first and chief Groundes of Architecture« von John Shute, London 1563
– die »Perspectiva« von Vredeman de Vries, Amsterdam 1604, als ein Beispiel der zahlreichen Ornamentstichwerke am Übergang zum Barock.

In Deutschland lösten sich die Baumeister des ausgehenden 16. und beginnenden 17. Jahrhunderts, die ihre Bauten in der neuen Manier gestalteten, aus den mittelalterlichen Zunftbindungen und arbeiteten als Unternehmer nach frühkapitalistischen Prinzipien. In Görlitz vertrat Wendel Roskopf diesen neuen Typus des Renaissance-Baumeisters. Gelernt hatte er noch bei Benedikt Rieth an der Prager Hütte auf dem Hradschin. Nachdem er später in Görlitz die Witwe seines Vorgängers geheiratet hatte, wurde er 1520 »gemeiner Stadt und unserer Bürger Bauten« Baumeister.

In Augsburg gelang es Elias Holl, seinen Aktionsradius über die Grenzen der Maurerzunft hinaus auszudehnen. Er war nicht nur der Schöpfer des neuen Rathauses (erbaut 1615–1620). Als Stadtbaumeister hatte er für den Straßenbau, die Kanalisation, Vermessungsarbeiten, die Stadtbefestigung und die städtischen Neubauten zu sorgen. Mit Duldung des Rates übernahm er aber

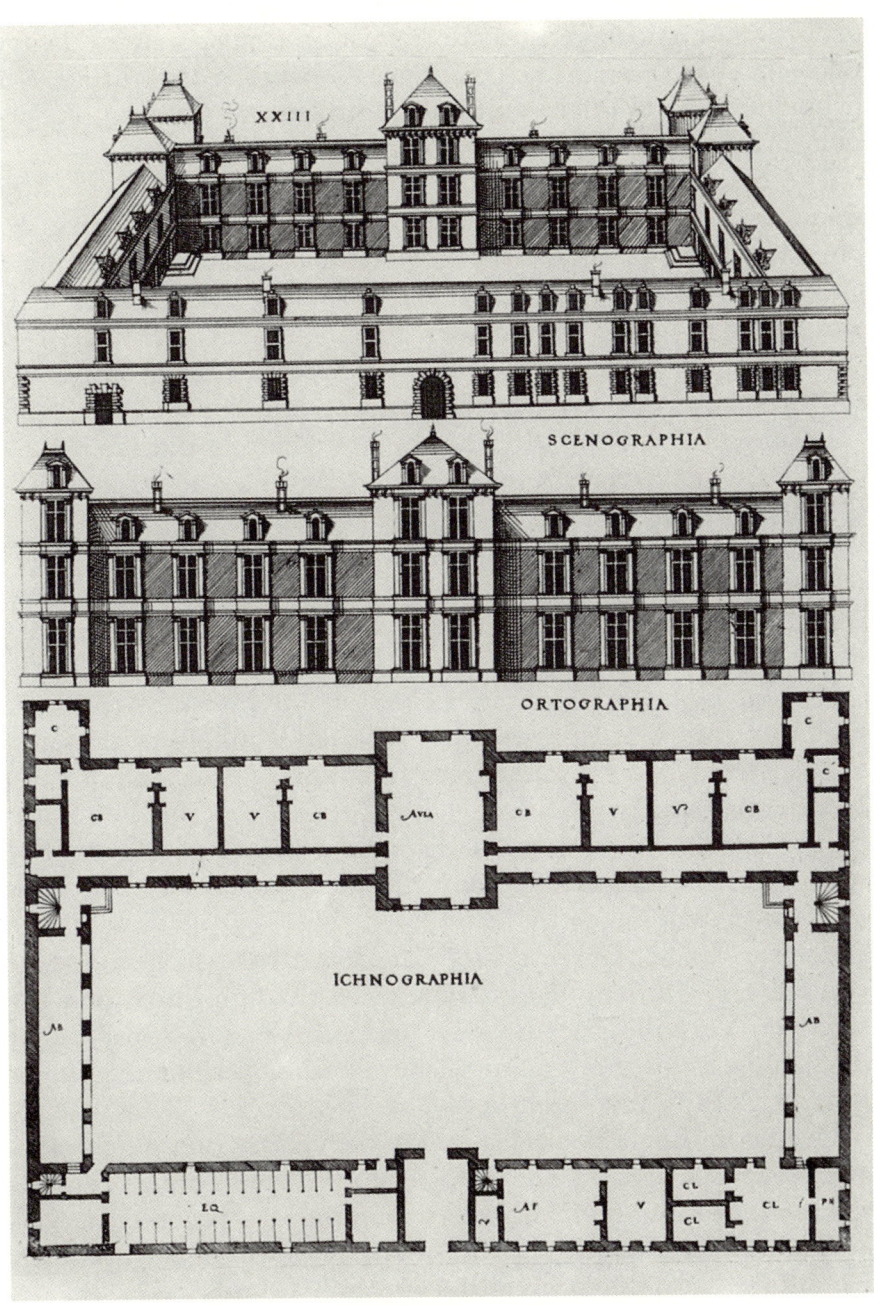

XXIII

SCENOGRAPHIA

ORTOGRAPHIA

ICHNOGRAPHIA

25

Jacques Androuet Ducerceau, Palastentwurf,
aus: Livre d'Architecture, Paris 1577, Tafel 23
(Bibliothèque Nationale, Paris)

auch private Aufträge und führte als Unternehmer eine kaum überschaubare Anzahl von Bauten aus: zwei Wassertürme, ein Schützenhaus, Mühlen, einen Kupferhammer, Brücken, Kasernen und Teile der Stadtbefestigung.

Die Herauslösung der Architekten aus der Enge der Städte und der Zunftordnungen gelang endgültig erst dank der Bauleidenschaft der absolutistisch regierenden Landesfürsten. Die Grafen Schönborn nannten es den »Bauwurmb«, Katharina II. von Rußland die »Bâtissomanie«. Sie zogen den Architekten in ihr Vertrauen, da er ihnen als den von Gott beauftragten Gestaltern des Lebensraumes der Untertanen mit seiner Kunst half, fürstliches Selbstverständnis zu verwirklichen. In diesem Dienst avancierte der Architekt selbst zum großen Herrn, der zur Hofgesellschaft gehörte.

Eine wichtige Voraussetzung für das kongeniale Zusammenwirken des Bauherrn mit seinem Architekten bildeten die theoretische Unterrichtung der Prinzen und ihre »Cavalierstour«, die Reise zu den hervorragendsten europäischen Residenzbauten. Zwischen Hofarchitekten als Lehrer in »architectura civilis et militaris« und den Prinzen, den späteren Bauherren, entstand ein vertrautes, ja oft familiäres Verhältnis. So begann Johann Bernhard Fischer von Erlach seine Karriere am Hof der Habsburger mit der Unterrichtung des elfjährigen Kronprinzen, des späteren Kaisers Josef I. 1691 wird der Kaiser Taufpate von Fischers erstem Kinde.

August der Starke hatte als Prinz Unterricht bei Wolf Caspar von Klengel. Er vervollkommnete seine Studien durch den Besuch von Versailles, des Escorial und von Venedig sowie durch das Sammeln von Architekturbüchern und Kupferstichen, die er in ganz Europa aufkaufen ließ.

Der Kronprinz Friedrich von Preußen nahm den jungen Georg Wenzeslaus von Knobelsdorff in den Kreis seiner Vertrauten in Neuruppin und Rheinsberg auf, die ihn wegen seiner außerordentlichen Begabung »Monsieur Bernin« riefen. Friedrich nannte ihn vertraulich »den dicken Knobelsdorff«.

Im späten 17. Jahrhundert verpflichtete man, insbesondere in Deutschland, überwiegend italienische Architekten für den Bau neuer Residenzen, da ihre Architekturauffassung am besten dem Prunkbedürfnis der Fürsten entsprach. Sichtlich verringerte sich im 18. Jahrhundert ihr Einfluß in den Hofbauämtern. Überwiegend waren sie noch als »Theatral-Ingenieure« verantwortlich für die Ausstattung von Hoffesten und Theateraufführungen wie die Galli-Bibiena, die in drei Generationen an den Höfen in Wien, Prag, München, Bayreuth, Dresden und Berlin wirkten.

Die deutschen Architekten, die nun an Einfluß gewannen, kamen zum größten Teil nach alter Tradition aus dem Handwerk. Zu ihnen zählen die Gebrüder Dientzenhofer, die in der Oberpfalz, in Oberfranken, Hessen und Prag tätig waren, George Bähr und Matthäus Daniel Pöppelmann in Dresden oder die Gebrüder Asam, die bedeutendsten Vertreter des Bayerischen Rokokos.

27

Friedrich II. von Preußen, Entwurf zum Mittelrisalit
und Seitenflügel des Prinz-Heinrich-Palais in Berlin,
um 1797 (Staatsarchiv Potsdam)

Die Tradition der Bildhauer-Architekten, die durch ihre ständige künstlerische Auseinandersetzung mit der menschlichen Gestalt im Verständnis des Barocks geradezu für das Bauen prädestiniert waren, setzten nach Bernini nur noch Johann Bernhard Fischer von Erlach und Andreas Schlüter, der Hauptmeister des Berliner Barocks, fort.

Die Fähigkeit zur universellen Beherrschung aller anfallenden Bauaufgaben in den Residenzen prädestinierte diejenigen für das Amt des Hofarchitekten, die eine Ausbildung im Festungsbauwesen und der Artillerie genossen hatten. Andererseits eigneten sich hohe Dienststellungen in den Ingenieur- und Artilleriecorps ganz besonders, daß Leistungen als Hofarchitekten honoriert werden konnten. Der erste Barockarchitekt am Dresdener Hof, Wolf Caspar von Klengel, war Generalwachtmeister und Oberinspektor aller Fortifikations- und Zivilgebäude; Jean de Bodt, einer der Architekten des Berliner Zeughauses und des Potsdamer Stadtschlosses, trat 1728 die Nachfolge des Grafen Wackerbarth in Dresden als Generalintendant an. Im Rang eines Generals der Infanterie und zugleich Stellvertreter des Gouverneurs von Dresden befehligte er das sächsische Ingenieurcorps. Johann Balthasar Neumann, der Schöpfer der ehemaligen fürstbischöflichen Residenz in Würzburg, bekleidete den Rang eines Obersten der fränkischen Kreisartillerie, und Johann Conrad Schlaun, Oberbaudirektor und Oberlandingenieur des Bistums Münster, kommandierte als Generalmajor die Münsteraner Artillerie.

Wie die Vielseitigkeit des Schaffens Johann Balthasar Neumanns in Würzburg zeigt, wurden im 18. Jahrhundert die Traditionen des unternehmerisch arbeitenden Baumeisters der Renaissance unter den Bedingungen des Feudalabsolutismus fortgesetzt. Er leitete nicht nur als Hofarchitekt den wohl bedeutendsten Schloßbau des deutschen Spätbarocks. Er befaßte sich mit Festungsbau, dem Bau von Straßen, Brücken und Dämmen, mit der Konstruktion von Maschinen, Waagen und Pumpen, mit der Anlage von Brunnen, Wasserleitungen und

Mühlen. Er gründete eine Glasfabrik und betrieb auf eigene Rechnung eine Pulvermühle.

In Anbetracht der hohen Wertschätzung des Architekten sahen Söhne des Landadels eine gute Chance, sich an einem Hof zu etablieren. Warum sollte man zusehen, daß Bürgerliche auf der Höhe ihrer Laufbahn als Hofarchitekten den Adelsbrief erhielten? Diese »Kavalier-Architekten« eigneten sich auf ausgedehnten Studienreisen nach Italien und Frankreich und in den Ateliers berühmter Architekten die notwendigen Kenntnisse an. Das Werk der meisten war sicher nur von örtlicher Bedeutung. Einige von ihnen trugen jedoch wesentlich zur Bereicherung der Barockarchitektur bei. Zu ihnen gehörte Georg Wenzeslaus von Knobelsdorff, ältester Sohn eines brandenburgischen Landadligen, dessen weitere Laufbahn durch die Freundschaft mit Friedrich II. von Preußen bestimmt wurde. In den vierziger Jahren des 18. Jahrhunderts beherrschte er praktisch das gesamte Hofbauwesen in Berlin und Potsdam. Friedrich Wilhelm Freiherr von Erdmannsdorff, der weitgereiste und wesentlich durch Winckelmann für die Antike begeisterte Vertreter des deutschen Frühklassizismus, fand in dem Fürsten Franz von Anhalt-Dessau einen Freund und gleichgesinnten Bauherrn.

Wenige Architekten des 18. Jahrhunderts haben bereits eine zielgerichtete Ausbildung erfahren. Kurfürst Max Emanuel von Bayern schickte Josef Effner, Sohn eines Münchner Hofgärtners, dessen künstlerische Begabung ihm aufgefallen war, zum Studium der Architektur nach Paris. Effner arbeitete fünf Jahre bei Boffrand und wurde nach seiner Rückkehr zum Hofarchitekten ernannt. Friedrich Joachim Michael Stengel, der mit vierzehn Jahren an der Berliner Akademie der bildenden Künste und der mechanischen Wissenschaften zu studieren begann, wurde später der Hofarchitekt des Fürsten von Nassau-Saarbrücken.

Hinter den großen Architekten an den Höfen stand eine kaum übersehbare Anzahl erfahrener, künstlerisch begabter Handwerksmeister, fest eingefügt in ihre Berufstraditionen und geschult an den Traktaten Sturms, Böcklers, Fäschs, Furtten-

Also hat der Baumeister, wie jeder andere Künstler,
die Natur für seine eigentliche Schule erhalten.
Johann Georg Sulzer

bachs, Schüblers und anderer. Unter der Aufsicht des Hofarchitekten hatten sie einen hervorragenden Anteil an der Gestaltung des barocken Bürgerhauses.

Ganz selten betätigten sich Gelehrte als Architekten. Leon Battista Alberti, der päpstliche Sekretär, ist hier zu nennen oder Guarino Guarini, der gelehrte Theatiner-Mönch, Professor der Philosophie in Modena und Verfasser der »Architectura civile« (1737). Sir Christopher Wren kam von vielseitiger wissenschaftlicher Tätigkeit zur Architektur, die er als eine besondere Sprache betrachtete, deren Grammatik man beherrschen müsse. Mit 25 Jahren Professor der Astronomie, gehörte er zu den Gründern der königlichen Akademie der Naturwissenschaften. Seine endgültige Hinwendung zur Architektur ergab sich aus seiner Berufung in die Kommission zum Wiederaufbau Londons nach dem großen Brand 1666.

Wren blieb ein Einzelfall. Typisch für die Architektur des Barocks in Großbritannien war vielmehr das Dilettieren des Adels. Es gehörte zur standesgemäßen Erziehung, Architektur, das heißt die Säulenordnungen, wie sie Palladio vorschrieb, zu verstehen, eine Weltreise zu unternehmen und ein eigenes Haus zu entwerfen. Dafür gewannen die adligen Patrone junge Architekten, die als »Hausgäste« beim Entwerfen behilflich waren. Richard Boyle, Earl of Burlington, ließ sich in seinem Park eine palladianische Villa bauen. Seinem Schützling William Kent, ursprünglich ein Historienmaler, gewährte er 30 Jahre seine Gastfreundschaft.

Mit der industriellen Revolution, die sich in der zweiten Hälfte des 18. Jahrhunderts von Großbritannien aus durchzusetzen begann, erlischt das Patronatssystem. In den gegenüber Großbritannien und Frankreich politisch wie wirtschaftlich zurückgebliebenen deutschen Ländern konnten jedoch die Landesfürsten noch längere Zeit die Entwicklung der Architektur beeinflussen. Zwar strebten sie nach gleicher Prunkentfaltung wie ihre Vorbilder auf dem französischen Thron, hatten aber weder große Hofhaltungen unterzubringen, noch verfügten sie

Sir Christopher Wren presenting to
King CHARLES II.^d his plan
for rebuilding the City of London after the great Fire in 1666.

Christopher Wren zeigt Charles II. von England einen Entwurf,
Kupferstich um 1670 (Library of the
Royal Institute of British Architects, London)

nach den drei Schlesischen Kriegen und in Anbetracht des zunehmenden Einflusses der Stände über die Finanzmittel, um es Ludwig XIV. gleichzutun.

Friedrich Wilhelm IV. von Preußen pflegte seine architektonischen Träume auf allen gerade greifbaren Papieren zu skizzie-

Friedrich Wilhelm IV. von Preußen, Entwurf für Charlottenhof,
Bleistiftzeichnung, um 1826
(Staatliche Museen zu Berlin, Kupferstichkabinett)

ren, auf einem Wachrapport, der Anzeige zur Sonntagspredigt oder einer Menükarte. Schon als Kronprinz war ihm Karl Friedrich Schinkel der einfühlsame Gehilfe zur Verwirklichung eigener Ideen. Aus ihrer Zusammenarbeit entstand neben Charlottenhof eine Vielzahl von Entwürfen zu antiken Villen, dem Mühlenberg-Monument, dem gotischen Dom, dem Alten Museum, St. Nikolai in Potsdam oder der Idealresidenz Orianda für die russische Zarin. Die schöpferische Beziehung zu seinem Bauherrn war wesentliche Voraussetzung für Schinkels umfangreiches Werk, aber auch Grund für dessen Uneinheitlichkeit.

Ganz ähnlich erging es Karl von Fischer und Leo von Klenze am Münchner Hof. Gerade letzterer klagte über die mangelnde Größe seines Bauherrn, Ludwig I. So mußten die letzten Hofarchitekten, wie Persius, Stüler und Strack in Berlin oder Gärtner, Bürcklein und Jank in München, Stilsicherheit und Anpassungsvermögen miteinander verbinden, um die eklektischen Architekturträume ihrer Bauherrn verwirklichen zu können, die sich in literarisch-romantischen Projekten und Kopien italienischer Renaissance-Architektur erschöpften.

Der Architekt im 19. und 20. Jahrhundert

Im Ergebnis der politischen Emanzipation des Bürgertums, ihr Höhepunkt war die Französische Revolution von 1789, und der industriellen Revolution seit der Mitte des 18. Jahrhunderts vollzog sich eine tiefgreifende Wandlung des Architektenberufs. Der aus dem patriarchalischen Verhältnis zu seinem feudalen Bauherrn entlassene Architekt wurde mit ungewohnten sozialen Ansprüchen konfrontiert, mit neuen Aufgaben, die durch bisher bewährte Bautypen wie Kirche, Kloster, Schloß, Villa oder Hôtel nicht mehr gelöst werden konnten. Auf ihm fremde Bauherren angewiesen, hatte er nun seine Dienste anzubieten. An der Schwelle zu diesem neuen Entwicklungsabschnitt des Architektenberufs stand Claude Nicolas Ledoux mit seinen visionären Auffassungen von der überragenden gesellschaftlichen Mission des Architekten als Gestalter einer menschlichen Umwelt. Ein »Architecte du Roi« und Mitglied der Academie d'Architecture, der 1793 nur knapp der Guillotine entronnen war, entwarf er bereits 1773 für die Saline im Walde von Chaux die ersten Fabrikgebäude und eine Arbeitersiedlung unter Beachtung hygienischer und sozialer Gesichtspunkte.

Spätestens mit der Einsetzung des Bürgerkönigs Louis Philippe 1830 begann in Frankreich jene Periode wirtschaftlicher Prosperität des Kapitalismus der freien Konkurrenz, in welcher Besitz auch gesellschaftliche Macht bedeutete. Der erfolgreiche Bourgeois genoß alle Ehren, weil er reich war, er besaß auch alle Mittel, über seine bescheidene Herkunft hinwegzutäuschen. Ihn interessierten vor allem geringe Baukosten, Einhaltung der Termine und technische Leistungen der Ingenieure, nicht so sehr ästhetische Feinheiten eines Entwurfs des an der palladianischen Renaissance geschulten Architekten. Allein im Bereich öffentlicher oder privater Repräsentation wünschte man sich »Architektur« als ornamentale Fassadengestaltung, deren vordergründiger Symbolismus leicht gedeutet werden konnte. Die Architekturformen der Renaissance, des Barocks oder der Gotik waren hierfür ebenso Mittel wie das Zurschaustellen kostbarer Steine, Metalle oder Antiquitäten. Künstlerische Kriterien wurden außerhalb der Architektur gesucht. Wissenschaftlich korrekte Kopie und literarisch interpretierbare Gestaltung dominierten.

Augustus Welby Northmore Pugin – er entwarf für den Neo-Klassizisten Charles Barry die ausgeführte gotische Variante des Londoner Parlamentsgebäudes – machte aus dem »Gothic Revival« eine ethische Bewegung. Der akademisch ausgebildete Architekt blieb seinen Idealen treu und reihte an den Straßen kleine Schlösser und Burgen für den erfolgreichen Unternehmer aneinander. Der Massenbedarf, die »niederen« Bereiche des Wohnungsbaus, lag außerhalb seines Interesses, und die immer drängenderen städtebaulichen Aufgaben entzogen sich vorerst seiner Kompetenz.

35

Friedrich Ostendorf, Wettbewerbsentwurf
zum Rathaus in Dresden,
aus: Deutsche Konkurrenzen, Leipzig 1895

Die Nutzbauten, über deren unheimliche Wirkung Schinkel 1826 in Manchester so erschrocken war, bildeten die Domäne des sich in die Größenordnung industrieller Unternehmung entwikkelnden Baumeisters. Gottfried Semper, der sich ausführlich mit den aus veränderter gesellschaftlicher Situation herrührenden Widersprüchen auseinandersetzte, sah die Lösung in einem »allgemeinen Volksunterricht des Geschmacks« – eine an den gesellschaftlichen Grundproblemen vorbeigehende Forderung, über die mehr als ein halbes Jahrhundert später auch Walter Gropius nicht hinaus kam. Wenn Semper in seinen Schriften

Gottfried Semper, Galeriegebäude an der Nordostseite
des Zwingers in Dresden, perspektivische Ansicht
vom Zwingerhof, 1840
(Institut für Denkmalpflege Dresden)

Gottfried Semper, Auszug aus einem Brief an Friedrich August II.
vom 17.7.1849 (Staatsarchiv Dresden;
Ministerium für Volksbildung, Nr.14444, Bl.93–94)

verschiedentlich die überragende Bedeutung des Architektenberufs betonte, dann war das für ihn ein wiederzuerringender Idealzustand. Die sich schon in den Briefen Schinkels und Klenzes andeutenden Spannungen zu ihren Bauherren kennzeichneten jetzt eine neue Situation im Schaffen der Architekten, die sie durch Streben nach Autonomie, nach öffentlicher Anerkennung individueller künstlerischer Leistung zu bewältigen suchten. Das »goldene Zeitalter« des Architekten, der »gewählt aus der Mitte der Künstler« (Semper) wirkte, war vergangen. Semper klagte, daß aus den besten Künstlern Geschäftsleute geworden seien, die sich fremder Kräfte bedienten. Der Kapitalismus schuf sich seinen eigenen Architekten, der eine bestimmte Ausbildung haben mußte und ein ihm eigenes Standesbewußtsein entwickelte – als Hüter der Künste und Treuhänder seines Bauherrn.

In den Auseinandersetzungen über den sozialen Status des Architektenberufs und die wirksamsten Maßnahmen zu seinem Schutz wurden gegen Ende des 19.Jahrhunderts im wesentlichen drei Auffassungen vertreten:

– Der Architekt sei ein freier, nur sich selbst verantwortlicher Künstler und gehöre nach wie vor an die Spitze der Künste.
– Der Architekt müsse wie alle anderen freien Berufe sein Leistungsangebot nach dem jeweiligen Bedarf richten, wenn er weiter existieren wolle.
– Der Architekt wäre zwar immer noch ein Künstler, benötige aber auch wissenschaftlich-technische und geschäftliche Kenntnisse.

Seit dieser Zeit datiert der Kampf der Architekten um den gesetzlichen Schutz der Berufsbezeichnung und um das alleinige Planvorlagerecht als Sicherung gegen die Konkurrenz der Bauunternehmer, Bauingenieure und Baubeamten. Ursprünglich stellten die Bauämter die Organisationsform dar, in der die Architekten über die Repräsentativbauten des Hofes hinaus auf das gesamte Baugeschehen des Landes Einfluß nehmen konnten.

Die bedeutendsten Architekten in der ersten Hälfte des 19. Jahrhunderts waren hohe Regierungsbeamte. Jetzt aber bildete sich ein unversöhnlicher Gegensatz zwischen freiberuflich tätigen und beamteten Architekten heraus.

Die klassische Harmonie von materiellen Bedingungen und ideellen Bedürfnissen, von zeittypischem Ausdrucksstreben und den Mitteln zu seiner Verbildlichung begann zu zerfallen. Sicher kann den Architekten nicht nachgesagt werden, daß sie die Bedeutung des Materials und der Konstruktion als aktives, auf die Gestalt des Bauwerkes bestimmend wirkendes Mittel jemals mißachtet hätten. Ganz unabhängig von ihren künstlerischen Vorstellungen sprachen Karl Marcell Heigelin ebenso wie Eugène Emanuel Viollet-le-Duc oder Augustus Welby Northmore Pugin von der Harmonie, die der Künstler zwischen technischen Mitteln, funktionellen Anforderungen und seinen gestalterischen Intentionen herstellen müsse.

Eine erste Herausforderung verursachte die verbreitete Verwendung von Eisenprofilen. Ob bei Hittorfs erstem Projekt, der Pariser Getreidehalle, bei Leo von Klenzes Walhalla oder Georg Mollers Restaurierung des Vierungsturmes des Mainzer Doms und selbst bei den Konstruktionen Viollet-le-Ducs und Henri Labroustes, stets nutzte man die technischen Eigenschaften des Eisens für die Herstellung einer konventionellen architektonischen Gestalt. Als ein neue Gestaltungsmöglichkeiten erschließendes Material wurde es dagegen nicht erkannt, geschweige denn beherrscht. Hier liegt einer der Angelpunkte für die sich durchsetzende Arbeitsteilung innerhalb des bisher komplexen Schaffensprozesses in einen Arbeitsbereich des Architekten und einen des Bauingenieurs. An der Trennungslinie von traditionellem Steinbau als materieller Grundlage der Monumentalarchitektur und der für Nutzbauten prädestinierten Eisenkonstruktionen lagen die von Victor Baltard entworfenen Pariser Zentralmarkthallen. Nicht Architekten, sondern Ingenieure wie Eiffel, Contamin oder Schwedler drangen durch konsequente Nutzung des neuen Materials zu neuer Formensprache vor. **39**

Alle Entdeckungen in der Architektur sind bereits gemacht —
uns bleibt nichts weiter übrig,
als in unseren Werken die Übereinstimmung zu erreichen.
Jacques François Blondel

Fritz Schumacher sprach von dem Verhängnis der kommenden Epoche, das im »Nicht-Vorbereitetsein« des Architekten auf den Durchbruch der Technik gelegen habe. Mit der neuen, durch Brücken und Bahnhofshallen gekennzeichneten Dimension der Eisenkonstruktionen, mit der sprunghaften Entwicklung der Bauingenieurwissenschaften, mit der Unterordnung der Konstruktion als Tragegerüst unter die künstlerisch gestaltete Fassade, mit der zunehmenden Größe der Bauwerke schließlich und der damit zu bewältigenden bautechnologischen und bauorganisatorischen Probleme hatte sich ein neuer Beruf herausgebildet: der Bauingenieur.

Trotz aller Vielfalt der Möglichkeiten war unter den Bedingungen des Kapitalismus der freien Konkurrenz die Auseinandersetzung zwischen Architekten und Bauingenieuren programmiert, vor allem deshalb, weil der Architekt Gefahr lief, durch das Sich-Beschränken auf die ästhetisch-künstlerische Seite des Bauens seine klassische Rolle als »Dirigent« aller Bauleute zu verlieren.

Schon vor der Jahrhundertwende hatte Anatole de Baudot, der Architekt von St-Jean-de-Montmartre in Paris, der ersten Kirche aus Stahlbeton, gewarnt, daß der Einfluß der Architekten abnehmen würde und der Ingenieur, »l'homme moderne par excellence«, anfinge, ihn zu ersetzen. Otto Wagner und Hans Poelzig akzeptierten den Ingenieur als Partner, der jedoch zu künstlerischer Aussage nicht fähig sei. Henry van de Velde dagegen sah in den Ingenieuren die »Baumeister der Gegenwart«, die den neuen Stil schaffen würden. Noch enthusiastischer feierte sie Le Corbusier in seinen frühen Schriften.

Vor allem stellte seit der Mitte des 19. Jahrhunderts die notwendige bauliche Erweiterung der Städte neue Ansprüche an die Architekten. Bereits die Gestaltung der Residenzstädte konnte sich nicht mehr auf die architektonische Repräsentation der Feudalmacht beschränken. Es mußten vielmehr die Ansprüche des Bürgertums berücksichtigt und einem positiven Herrscher-Bürger-Verhältnis durch Verbildlichung der Idee vom

treusorgenden Landesvater Ausdruck gegeben werden. Seien es
Karl von Fischers Münchner Generalplan, Leo von Klenzes Planung der Ludwigstraße und Friedrich Bürckleins Maximilian-
straße in München, Friedrich Weinbrenners Karlsruher oder

Eugène Emanuel Viollet-le-Duc, Maçonnerie, aus:
Entretiens sur l'Architecture, to. 2 me, Paris 1863,
Pl. XXII (Bibliothèque Nationale, Paris)

Georg Mollers Darmstädter Plan, immer waren es Versuche, die Interessen der Herrscher und der Bürger in Übereinstimmung zu bringen. Die Kunst der Architekten bestand in der geschickten Vermittlung zwischen den Parteien, denn die Verwirklichung der Pläne selbst bestimmte vor allem eine lebhafte Bauspekulation. An der Umgestaltung von Paris, der einzigen städtebaulichen Unternehmung in Europa, bei der in ein gewachsenes, in seiner Substanz mittelalterliches Stadtzentrum rigoros eingegriffen worden ist, waren keine Architekten beteiligt. Baron Eugène Haussmann, Seine-Präfekt und Tyrann der Stätdebauer, bevorzugte Ingenieure. Architekten mochte er nicht.

In Berlin blieb der Bau von Arbeiterwohnungen den spekulierenden Grundbesitzern und Bauunternehmern auf der Grundlage des von dem 32jährigen Baubeamten des Polizeipräsidiums James Hobrecht in den Jahren 1858 bis 1861 ausgearbeiteten Fluchtlinienplanes für die nördlichen Baugebiete überlassen. Vor allem mußte der Architekt vor dem Ingenieur kapitulieren, da Städtebau nicht Häuserbau ist, sondern die Anlage von Straßen, die Sicherung der Trinkwasser-, Gas- und Nahrungsmittelversorgung sowie der Abwasserbeseitigung, die Gestaltung von Grünanlagen und die Lösung vieler anderer technischer Probleme voraussetzt. Gerade die immer dringlicher werdenden Aufgaben des Städtebaus führten, wenn auch anfangs nur vereinzelt, zu Reflexionen über die Notwendigkeit zur Veränderung der Gesellschaft als Voraussetzung für die Weiterentwicklung der Architektur.

Ausgehend von den Gedanken Ruskins, des Kritikers des viktorianischen Englands, der die Verbundenheit des Schicksals der Kunst mit dem der Gesellschaft hervorhob, kam William Morris zu dem Schluß, daß es keinen Sinn habe, Kunst und Geschmack verbessern zu wollen, die Gesellschaft aber unverändert zu lassen. Das Wichtigste sei die Schaffung solcher gesellschaftlichen Verhältnisse, die ein besseres Kunstverständnis ermöglichten. Auch Louis Henry Sullivan kam auf der Grundlage seiner Illusion von der amerikanischen Demokratie zu ähnlich visionären Vorstellungen von der Gesellschaft als Voraussetzung für die Neugeburt der Kunst und von der gesellschaftlichen Verantwortung des Architekten. Architektur war für ihn eine gesellschaftliche Manifestation. Und so, wie Sullivan die »Funktion« nicht in der Erfüllung lediglich trivialnützlicher Zwecke sah – dazu wurde sie erst von seinen Nachbetern degradiert –, sondern in der Erfüllung komplexer gesellschaftlicher Zwecksetzungen, forderte er vom Architekten, daß er nicht nur als ein Ordnender wirke, sondern über die Intuition eines Dichters verfügen müsse.

Der Architekt sei ein Produkt und Wirkungsfaktor der Gesellschaft, der sie durch seine Bauten zu interpretieren und zu initiieren habe. Von hier aus begann das Reflektieren der Architekten über den Zusammenhang ihres Schaffens mit der Gesellschaft, auch wenn sie von dieser nur ein idealisiertes, den wirklichen Verhältnissen nicht entsprechendes Bild hatten.

Für die Befangenheit der Mehrzahl der Architekten in der Tradition ist bezeichnend, daß die ersten Impulse zur Erneuerung der Architektur um 1900 in hohem Maße von Künstlern ausgingen, die über die Malerei, über Kunstgewerbe und Innenraumgestaltung zur Architektur gelangten. Zu ihnen gehörten Henry van de Velde, Richard Riemerschmid, der Gründer der Vereinigten Werkstätten für Kunst und Handwerk in Hellerau und Schöpfer der Gartenstadt Dresden-Hellerau, sowie Peter Behrens, Chefdesigner der AEG und Pionier des deutschen Industriebaus. Hinzu traten Architekten, die in Auseinandersetzung mit ihrer traditionalistisch orientierten Ausbildung die Erneuerung der Architektur einleiteten, wie Otto Wagner, Louis Henry Sullivan, Hendrik Petrus Berlage, Viktor Horta und Adolf Loos.

Die Reformbewegung bestand nicht schlechthin nur in einem Sich-Abwenden vom Historismus und einer Hinwendung zur Zweckmäßigkeit, obwohl sie in den Aussagen führender Architekten als Hauptfaktor für die Stilerneuerung hervorgehoben

43

Was fehlt der heutigen Architektur, um die ihr auferlegte
Führerrolle auszuüben? Ihr fehlt das Grundlegende:
das Bewußtsein, überhaupt Kunst zu sein.
Adolf Behne

wurde. Das historisch Bedeutsame dieser Bewegung war vielmehr, daß die Architekten begannen über ihre Aufgaben, über ihr Verhältnis zur Kunst und zur Gesellschaft und über ihre Tätigkeit selbst zu reflektieren. Sie wandten sich aus moralischen Erwägungen gegen die anscheinende Verlogenheit historisierender Architektur und kamen – theoretisch wie praktisch – zu neuen Positionen, denen lediglich ihre Individualität gemeinsam war.

Nun wurde die Geschichte der Architektur von einer Geschichte der sich auf einheitlicher geistiger Grundlage entwickelnden Stilperioden zu einer Geschichte der Architekten und ihrer ganz persönlichen Werke, die mehr oder weniger sicher in verschiedene Strömungen eingeordnet werden können.

Damit begann der rückwärts gerichtete Ruf der Architekten nach dem Bauherrn als kongenialer Persönlichkeit, nach dem Mäzen, durch dessen Einfluß und Vermögen die Erneuerung der Architektur erst möglich würde, und es verschärfte sich die Kritik an der zeitgemäße Architektur verhindernden Bürokratie der Bauämter. Aber selbst wenn er wollte, nie kann der Architekt aus sich selbst heraus Architektur schaffen. Die Interessen und Möglichkeiten von Auftraggeber und Bauindustrie bestimmen seinen Handlungsspielraum. Jenseits von ihnen gibt es weder Architektur noch Architekten.

Die Diskussion der Voraussetzungen seines Schaffens blieb jedoch in der Regel in ungenauen, oft schwärmerischen, die soziale und kulturelle Rolle des Architekten verzerrenden Auffassungen stecken, in denen er sich um so mehr im Mittelpunkt sah, je weniger Impulse von seinem Bauherren ausgingen. Diese Tendenz zur Selbstüberschätzung war ein Rückhalt, der schöpferische Tätigkeit überhaupt noch sinnvoll machte. Sie ließ Raum für die einseitige Hervorhebung des Intuitiven ebenso wie des Rationalen. Um beide Positionen sammelten sich Gruppen von Architekten, die sich gegenseitig befehdeten und wechselseitig nicht davon Kenntnis nahmen, daß das eigene Konzept auch in das der anderen integriert war – nur an einer anderen

45

Otto Wagner, Wettbewerbsentwurf zum Postsparkassenamt Wien,
aus: Geretsegger, Peintner: Otto Wagner, 1841 bis 1918,
Salzburg 1964

Stelle. Letzlich verbarg sich dahinter der Gegensatz einer national-traditionalistischen und einer international-avantgardistischen Gestaltungskonzeption. Peter Behrens und Hans Poelzig forderten, die Technik durch die Kunst zu überwinden. Andererseits avancierten Schiff und Flugzeug zu technischen Fortschritt symbolisierenden Leitbildern einer modernen Architektur.

Wenn Otto Wagner sagte, daß die Kunst im Leben, in den Bedürfnissen der gegenwärtigen Menschheit wurzeln müsse, ist dies weniger als ein Anzeichen des sich profilierenden Funktionalismus zu werten, sondern eher als ein Versuch, dem Schaffen des Architekten eine neue ethische Grundlage zu geben. Das Bewußtmachen der gesellschaftlichen Pflicht des Architekten und der geistigen Ansprüche an sein Schaffen erwies sich als historisch bedeutsamer als die vordergründige Suche nach einer neuen Formensprache. Die neuen Ansprüche an den Architekten kulminierten in den Aufgaben der Stadtplanung. München richtete als eine der ersten deutschen Städte ein »Stadterweiterungsbüro« ein. Als Leiter wurde 1893 Theodor Fischer berufen. Er stellte die realen Forderungen städtischen Lebens über alle ästhetische Spekulation und betrachtete den Architekten in neuer Weise als »Dirigenten« der Zusammenarbeit von Volkswirten, Hygienikern und Bauingenieuren, weil nur er das Ziel, die menschliche Wohnstätte, anstrebe.

Seit 1900 nahm die Stadtplanung in bisher ungewohntem Umfang zu. Fachzeitschriften wurden herausgegeben, internationale Bauausstellungen und erste Städtebauseminare an den Technischen Hochschulen in Berlin und Dresden organisiert. Die meisten Vertreter der Avantgarde der modernen Architektur vermochten allerdings aus der Enge ihrer Theorien die Aufgabe »Stadt« noch nicht zu erkennen. Viktor Horta, Charles Rennie Mackintosh und Otto Wagner sahen keine Möglichkeiten, ihre städtebaulichen Entwürfe zu verwirklichen. Lediglich Hendrik Petrus Berlage konzipierte den Bau von Amsterdam Zuid und beeinflußte durch seinen Rat wesentlich die Stadtplanung von Den Haag, Rotterdam, Utrecht und den unter Leitung von Bruno Möhring ausgearbeiteten Berliner Stadtplan. Tony Garnier entwickelte 1901 bis 1904 als Romstipendiat der Pariser Akademie den Idealplan einer modernen Industriestadt. Für seine spätere Tätigkeit in seiner Vaterstadt Lyon fand er in dem radikalsozialistischen Bürgermeister Edouard Herriot einen adäquaten Bauherrn und Partner.

Auf tragische Weise hatte der erste Weltkrieg deutlich gemacht, daß die bisherigen Vorstellungen vom Architekten und seiner künstlerischen Mission in einer harmonischen Gesellschaft ebenso Illusion waren wie die von seiner Unabhängigkeit. Während in Deutschland das Gros der Architekten Erfüllung in einem jenseits der sozialen Kämpfe liegenden Schaffen suchte und dafür nach geordneten Verhältnissen rief, wollten fortschrittliche Architekten, wie Bruno Taut, Max Taut, Walter Gropius, Otto Bartning und Hans Poelzig, mit ihren Werken der Gestaltung einer menschlicheren Gesellschaft dienen. Sie hatten sich dem Arbeitsrat für Kunst angeschlossen, der 1918 von revo-

47

Tony Garnier, Cité industrielle, 1901 bis 1904,
Blick in ein Wohngebiet, aus: Tony Garnier:
Une Cité industrielle, Paris 1917

lutionären Künstlern unter dem Eindruck der Novemberrevolution analog zu den Arbeiter- und Soldatenräten gegründet worden war.

Seit 1924, mit der Überwindung der Inflation und der Förderung des Wohnungsbaus durch die Hauszinssteuer, nahmen die öffentlichen Aufträge in einem Umfang zu, daß in vielen Architekten die Vorstellung entstand, jetzt unmittelbar den Bedürfnissen breiter Volksmassen mit ihren Bauten dienen zu können. Insbesondere mit dem durch Gewerkschaften und gemeinnützige Wohnungsbaugesellschaften betriebenen sozialen Wohnungsbau, in dem es mitunter gelang, alten Idealen der Arbeiterbewegung Gestalt zu geben, zeichneten sich Veränderungen im Berufsbild des Architekten ab.

Die Nutzer jedoch traten im Massenwohnungsbau nur noch als statistische Größe auf, die man sich mühte, mit Hilfe mehr oder weniger exakter soziologischer Methoden zu erfassen. Die Erarbeitung einer architektonischen Lösung erfolgte auf der Grundlage von Angaben über Durchschnittseinkommen, durchschnittliche Haushaltsgrößen, Mindestflächen und Normverhalten. Innerhalb dieses Bezugsrahmens konnte sich der Architekt durchaus als gesellschaftsgestaltende Kraft empfinden und aus dem »Geist der Zeit« heraus nach einer neuen Formensprache suchen. Diese beliebte Zauberformel aller Neuerer der Architektur taucht bereits bei Schinkel auf. In den verschiedensten Abwandlungen begegnet man ihr in den Äußerungen Peter Behrens', Ludwig Mies van der Rohes, Erich Mendelsohns, Adolf Behnes, im Schlußkommuniqué der 1. Tagung der Congrès Internationaux de l'Architecture Moderne (CIAM) 1928 in La Sarraz. Für den Architekten spiegelte sich die Gesellschaft als »Gemeinschaft« wider, der er sein Schaffen widmete, für die er eine Umwelt zu gestalten trachtete, die allen eine gesunde und harmonische Lebensweise ermöglichte. Es ist eine tiefe Tragik, daß dieses humanistische Streben sich auf eine imaginäre Ganzheit bezog, deren Widersprüchlichkeit zwangsläufig in der Architektur Gestalt fand.

48

Berlin – Wilmersdorf.
7. 12. 10.
Nassauburgstr. 4.

Herr Fabrikant Benscheidt.
Alfeld a/L.

Für den bevorstehenden großartigen Fabrik-
neubau glaube ich mir, Ihnen meine
Dienste als Architekt anzubieten. Durch
meine Tätigkeit unter Prof. Peter Behrens.
(Fabrikneubauten für die A. E. G.) bin
ich mit allen Fragen vertraut und
wäre in der Lage, Ihnen ein künstlerisch
u. praktisch durchdachtes Projekt auszu-
arbeiten.

Über nähere Person und Bauangelegen-
heit sollte Ihnen zunächst mein
Schwager, Herr Landrat Burchard
in Alfeld durchgeben.

Mit vorzüglicher Hochachtung
Walter Gropius.
Architekt.

Walter Gropius, Brief vom 7. Dezember 1910 an Karl Benscheid,
aus: Helmut Weber: Walter Gropius und das Faguswerk,
München 1961

Am temperamentvollsten vertrat Le Corbusier die These vom Künstler als Schöpfer der neuen Gesellschaft. Für ihn wurde die politische Autorität zum »Werkzeug in der Hand des Künstlers«, da sein Schaffen einer »poetischen Kosmologie« unterworfen sei. Die Konzentrationsprozesse in der Wirtschaft und die zunehmende Bautätigkeit in den Städten führten zu tiefgreifen-

Gebrüder Wesnin, Entwurf zur Moskauer Filiale der Leningrader Prawda, 1924, aus: S. O. Chan-Magomedow: Pioniere der sowjetischen Architektur, Dresden 1983

den Veränderungen in der sozialen Struktur des Architekturberufs durch seine stärkere Integration in Staat und Industrie.

In Großbritannien verlief diese Entwicklung zügiger als auf dem Kontinent: Schrittweise bekamen die beamteten Architekten auf der Grundlage der damals wohl umfassendsten Planungsgesetzgebung in der Welt das zahlenmäßige Übergewicht. Meilensteine in diesem Prozeß bildeten der Town Planning Act von 1932, der Barlow-Bericht von 1940 über Siedlungsplanung, der County of London Plan von Foreshaw und Abercrombie 1943, der Greater London Plan 1944, der New Towns Act 1946, der Town and Country Planning Act 1947 und schließlich der Schuster-Bericht über die Planerausbildung 1950.

In den USA wurden zur Überwindung der Wirtschaftskrise im Rahmen des New Deal unter den Präsidenten Hoover und Roosevelt seit den dreißiger Jahren staatliche Bauprogramme von gewaltigen Ausmaßen finanziert. Es vollzog sich generell der Übergang von privaten zu öffentlichen Auftraggebern, welche die gesamte Gesellschaft repräsentierten.

In dieser Zeit, in der etwa 80 Prozent der deutschen Architekten und Bauingenieure arbeitslos waren, hatte das junge Sowjetrußland mit dem Bau neuer Industrieanlagen und Städte begonnen. Das übte auf die von Arbeitslosigkeit bedrohten deutschen Architekten eine starke Anziehungskraft aus. Bei dem Frankfurter Stadtbaurat Ernst May, der 1930 nach Moskau ging, bewarben sich 1400 Architekten. Neben der Aussicht auf Arbeit reizte die Bewerber vor allem die Möglichkeit, sich entwickelnden neuen Lebensformen im Massenwohnungsbau Raum und Ausdruck geben zu können.

Die einschlägigen Geschichten der modernen Architekten täuschen darüber hinweg, daß die Architekten des Neuen Bauens und ihre Werke, die zu einem großen Teil Entwurf blieben, an der Gesamtzahl der Architekten und erst recht ihrer Bauten nur einen geringen Anteil hatten. Tatsächlich beherrschten konservative Strömungen, die sich auf landschaftliche, historische und handwerkliche Traditionen stützten, den Markt. Weder in

Frankreich noch in den USA rissen bis in die dreißiger Jahre hinein die Traditionen der École des Beaux Arts ab. Getragen von künstlerischem Konservatismus, schufen Hunderte von Architekten ihre Bauten nach bewährten Klischees mit unterschiedlichen Garnierungen nach der jeweiligen Mode.

Mit der Weltwirtschaftskrise verschärfte sich die Kritik der Konservativen am Neuen Bauen. Den Ansatzpunkt fanden sie in technisch unreifen Lösungen zum Beispiel von Flachdächern, Fensterbändern oder Stahlskelettbauten mit unzureichender Wärmedämmung, mit denen progressive Architekten neue Formvorstellungen verwirklichen wollten, dabei aber weit über gegebene Produktionsmöglichkeiten und bauphysikalische Erkenntnisse hinausgingen. Der Funktionalismus hatte neue Methoden der architektonischen Gestaltung entwickelt. Walter Gropius betonte dieses Anliegen immer wieder und wehrte sich heftig gegen die Unterstellung eines »Bauhausstils«. Jetzt aber war der Funktionalismus in einem System von Gestaltungsmustern erstarrt, so daß die konservative Kritik nur noch auf die Erscheinung eines »Stils« zu zielen brauchte. Dieser aber sei »undeutsch« und Ausdruck des »Kulturbolschewismus« (Alexander von Senger). Den deutschen Architekten sei vielmehr aufgetragen, durch ihre Baukunst zur »Rettung der germanischen Seele« (Emil Hoegg) beizutragen. Unter der Naziherrschaft emigrierten die führenden Architekten des Neuen Bauens zumeist in die USA, einige, wie Otto Haesler, Max Taut und Adolf Rading, erhielten Berufsverbot und zogen sich resigniert zurück. Die Mehrzahl jedoch, ihrer besten Lehrer und Vorbilder beraubt, fand in Einfamilienhäusern – in architektonischer Unverbindlichkeit aus handwerklicher Tradition gestaltet – und in Industriebauten, bei denen noch am leichtesten Gestaltungsgrundsätze des Neuen Bauens verwirklicht werden konnten, eine Existenzgrundlage, bis auch diese im zweiten Weltkrieg vernichtet wurde.

Nach Abschluß der Phase des Wiederaufbaus häuften sich die Zweifel an der weiteren Lebensfähigkeit des Architektenberufs.

Die Selbständigkeit des Architekten gehöre noch zu einer handwerklichen Stufe der Bauproduktion, auf der er vor allem als Kooperation organisierende Klammer einer Vielzahl von Handwerkern funktioniere.

Der Architekt wäre nur so lange frei, wie der Bauherr nicht kontinuierlich bauen müsse und der Unternehmer nicht komplexe Bauleistungen anbieten könne. Zweifellos hatte der Architekt, bisher zugleich als Künstler, Wissenschaftler, Konstrukteur, Ökonom, Rechtsanwalt, Technologe, Psychologe, Soziologe, Diplomat und Organisator gefordert, an Universalität verloren. Seine Rolle als »Bau-Anwalt« blieb an eine relativ geringe Größe der Bauaufgabe gebunden, die ein erfolgreiches Dilettieren auf all diesen Gebieten unter Anwendung von Faustregeln und gestützt auf Erfahrung gerade noch ermöglichte. Das Festhalten an einem solchen Ideal, das bereits Vitruv formuliert hatte, führte zu einem Vakuum, in das die Planungsstäbe der Industrie, der Wohnungsbaugesellschaften und kommunalen Verwaltungen eindrangen.

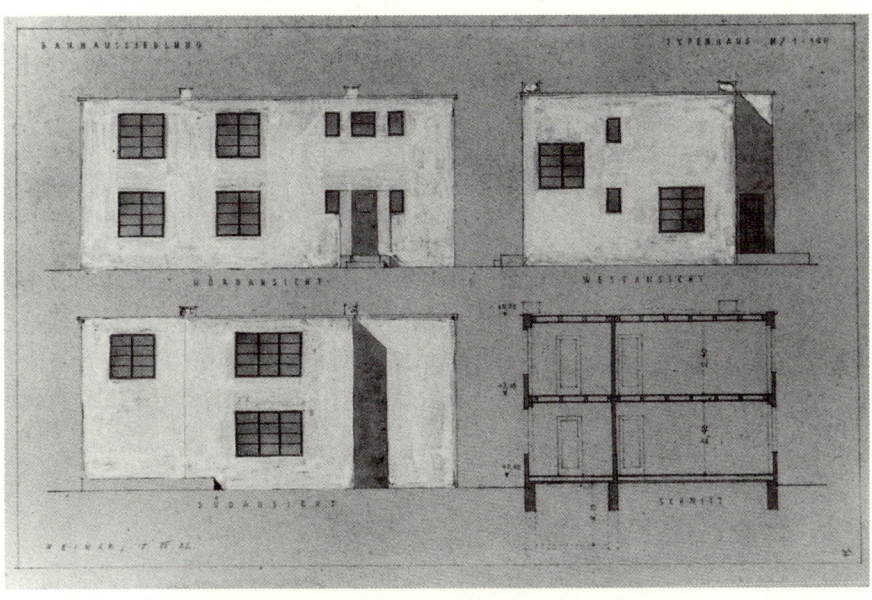

53

Fred Forbat, Typenhäuser für die Bauhaussiedlung
am Horn in Weimar, Objekt 14, 1922,
farbig angelegte Lichtpause (Weimar, Stadtarchiv)

Kriterien der Technologie, die wirtschaftlichste Lösung der Vorfertigungs-, Transport- und Montageprozesse bestimmen die Entwicklung industrieller Bausysteme. Der Beruf des Architekten ist jetzt eingespannt zwischen den typischen und nur auf industrielle Weise zu bewältigenden Aufgaben zur Gestaltung baulicher Umwelt gemäß sozialer Ansprüche und dem Entwurf von Einzelgebäuden, die als Symbole Gemeinschaft akzentuieren sollen. Eine Auflösung dieses Widerspruchs ist sicher nicht durch eine Reduzierung des Technisierungsgrades zu erwarten, sondern höchstens durch die Überwindung der Philosophie, daß sich bereits aus dem Zusammensetzen unifizierter Elemente automatisch Architektur ergeben könnte.

Die klassische These von der Anwalt-Funktion des Architekten wird, seit dem durch das Grauen des letzten Weltkrieges erzwungenen Nachdenken über die gesellschaftliche Verantwortung des Architekten, nachdrücklich in der 1947 gegründeten Union Internationale des Architectes (UIA) gepflegt, jedoch nicht mehr auf den einzelnen Bauherrn, sondern auf die gesamte Gesellschaft bezogen. Letztlich steht aber hinter all den dort angemeldeten Forderungen nach Humanisierung der Umwelt die Angst vor der Verurteilung des Architektenberufs zur Bedeutungslosigkeit in wirtschaftlicher, sozialer, politischer und schließlich auch kultureller Hinsicht.

Andererseits aber ist der Einfluß der Architekten über weite Gebiete des Erdballs, wie der griechische Stadtplaner Constantinos A. Doxiadis in den sechziger Jahren schrieb, gleich Null. In den Entwicklungsländern sei er äußerst gering und erreiche selbst in England nur ein Maximum von 40 Prozent des Baugeschehens. Insgesamt würden lediglich etwa zwei Prozent des gesamten Bauvolumens in der Welt von Architekten voll beherrscht.

Kollektivität und Rivalität

Architektur ist stets das Ergebnis kollektiven Schaffens. Die beiden ersten Kapitel gingen dem Zusammenwirken von Bauherren und Architekten nach. Beide, so schrieb Antonio Averlino, genannt Filarete, 1465 in seinem utopischen Roman über den Bau der Stadt »Sforzinda«, würden das Bauwerk wie ein Elternpaar zeugen. Zum zweiten ist Architektur das Ergebnis der Zusammenarbeit des Architekten mit den Bauhandwerkern. Die erfahrenen Maurer- und Zimmermeister, Steinmetzen und Stukkateure waren bis ins 19. Jahrhundert hinein stets fähig, das Streben ihrer Bauherren nach künstlerischer Repräsentation im Bauwerk zu verwirklichen. Je weniger jedoch Tradition und Konvention die Gestalt des Bauwerks zwingend bestimmten, um so genauer und kompletter mußte die Entwurfszeichnung, das Projekt, sein, um noch als Verständigungsmittel zwischen Architekten, Bauherren und Bauleuten dienen zu können. Davon wird im nächsten Kapitel die Rede sein.

Schließlich war die Ausformung einer architektonischen Idee, ihre Ausarbeitung zum Projekt und die Aufsicht über ihre Verwirklichung auf der Baustelle ebenfalls von unterschiedlicher Zusammenarbeit geprägt. Gleichzeitig und aufeinanderfolgend arbeiteten Architekten am selben Bauwerk, sich harmonisch ergänzend oder gegenseitig mißachtend, in gleichberechtigter Partnerschaft oder in ausgenutzter Unterstellung.

Die mittelalterliche Kathedrale ist das Ergebnis der Arbeit vieler Hüttenmeister, von denen jeder das Werk seines Vorgängers getreulich fortsetzte. Die Hüttenordnungen schrieben ausdrücklich vor, daß ein neuer Hüttenmeister das von seinem Vorgänger begonnene Werk nicht von sich aus verändern durfte. Diese allein die Vollendung des Werks garantierende Kontinuität hatte eine wichtige Voraussetzung in den weitverzweigten, oft über drei Generationen reichenden Hüttenmeisterfamilien. Die Hüttenordnungen förderten die Weitergabe der persönlichen Werkerfahrungen der Hüttenmeister an ihre Söhne. So konnten sich solche berühmten Baumeisterdynastien entwickeln wie die Parler, die, aus Schwäbisch-Gmünd stammend, vor allem in Prag, Ulm und Freiburg in der Zeit von 1300 bis 1400 den Übergang zum Stil der Spätgotik wesentlich beeinflußten, oder die Ensinger, die im 15. Jahrhundert als geachtete Hüttenmeister an den Münstern zu Ulm, Straßburg, Eßlingen, Bern und Basel arbeiteten.

Die in der Gegenwart weit verbreitete Methode, Problemlösungen durch Gutachterkommissionen erarbeiten zu lassen, wurde schon erfolgreich im Mittelalter praktiziert. 1429 berief man 28 Hüttenmeister nach Ulm, die einschätzen sollten, ob ein drohender Einsturz des Münsterturms verhindert werden könne. Auf Einladung des Bischofs von Gerona trat 1416 eine Expertenkommission aus zwölf Hüttenmeistern binnen einem halben Jahr zweimal zusammen. Sie bestätigten damals den Vorschlag eines einheimischen Hüttenmeisters, die Seitenschiffe wegzulassen und das gesamte Langhaus der bereits 1312 begonnenen Kathredrale zu überwölben.

Im Italien des Quattrocento blieb die mittelalterliche Werkstattgemeinschaft der als Bildhauer, Erzgießer, Silberschmiede und Baumeister arbeitenden Künstler anfangs noch bestehen. Giuliano da Majano, von 1477 bis 1490 Dombaumeister in Florenz und Architekt des Domes zu Faenza, betrieb zusammen mit seinen Brüdern Benedetto und Giovanni eine Werkstatt in Florenz. Bernardo Rosselino, nach dessen Plänen die Stadt Pienza nach 1458 im Auftrag Papst Pius' II. Piccolomini mit päpstlichem Palast, Palazzo Publico und Dom gebaut wurde, arbeitete mit seinen Brüdern Giovanni und Tommaso zusammen. Daneben entstanden in der gemeinsamen Bewältigung bedeutender Aufgaben – wie des Baus von St. Peter in Rom – solche Partnerschaften wie die von Donato Bramante und Giuliano da San Gallo, von Raffael und Fra Giocondo oder von Antonio da San Gallo d. J. und Peruzzi. Zum Stab der Chefarchitekten, bis 1629 von einem »coadjutore dell' Architetto« unterstützt, gehörten ein Bauleiter, Rechnungsführer, Mensuratori, Buchhalter und Aufseher. Es hatte sich eine vielköpfige Verwaltungsbürokratie herausgebildet, in der Kompetenzwirrwarr, Nepotentum und Intrigen herrschten.

Einen Höhepunkt erreichte die Kollektivität architektonischen Schaffens im Barock. Die vom »Bauwurmb« befallenen feudalabsolutistischen Bauherren begnügten sich beim Bau einer neuen Residenz fast nie mit nur einem Architekten. Der Kurfürst und Erzbischof Lothar Franz von Schönborn, Bauherr Leonhard und Johannes Dientzenhofers und Förderer Maximilians von Welsch, sammelte einen Kreis in Architektur dilettierender Kavaliere um sich, die er gern seine »Baudirigierungsgötter« nannte. Selten wurde eine neue Residenz so errichtet, wie es der erste Entwurf vorsah. Die Vorstellungen der fürstlichen

57

Moritz Ensinger, Bildnis aus seinem Todesjahr 1482,
Hans Schüchlin zugeschrieben (Landesmuseum Mainz)

Bauherren änderten sich in der Regel schneller, als die Arbeiten fortschritten. Immer wieder mußten die Entwürfe überarbeitet und andere Architekten herangezogen werden.

Das herausragende Beispiel für die Kollektivität und damit auch Rivalität hervorragender Architekten in der deutschen Architekturgeschichte ist die ehemalige fürstbischöfliche Residenz in Würzburg (1719–1744). Neben dem Würzburger Hofarchitekten Johann Balthasar Neumann wurden in die Ausarbeitung der Pläne einbezogen: der Mainzer Baudirektor Maximilian von Welsch, der Hausarchitekt des Prinzen Eugen in Wien Johann Lucas von Hildebrandt und die beiden »Architectes du Roi« Germain Boffrand und Robert de Cotte aus Paris.

Im Ergebnis einer Vielzahl von Konkurrenzentwürfen und Konferenzen in Wien und Würzburg, der Konsultationen Neumanns in Paris und des ständigen Einflusses des Bauherrn entstand das Meisterwerk. Man kann davon ausgehen, daß der Bauherr in Kenntnis der individuellen Stärke jedes seiner Architekten handelte und zum Beispiel die mehr zu flächig grafischer Gestaltung neigende Meisterschaft Hildebrandts bei der Austeilung und Dekoration der Fassaden ebenso zur Geltung brachte wie die plastisch-raumbildende Kraft Neumanns und seine herausragenden konstruktiven Fähigkeiten. Wenn auch Neumann kaum Gefühle der Freundschaft zu Hildebrandt zu entwickeln vermochte, arbeitete er doch die Vorschläge des Vertrauten seines Bauherrn diszipliniert ein.

Das Verhältnis zwischen Hildebrandt und Johann Bernhard Fischer von Erlach dagegen nahm geradezu tragische Dimensionen an. Ihre offen ausgetragene Rivalität hat das Leben Hildebrandts stark überschattet. Alle seine Versuche, Fischers Vorrangstellung am Wiener Hof zu untergraben, schlugen fehl. Nach dem Tode Josephs I. wurde Fischer von dessen Nachfolger, Karl IV., in allen Ämtern bestätigt. Und 1715 noch triumphierte er über seinen Rivalen im Wettbewerb um den Bau der Kirche des hl. Borromäus in Wien. Hildebrandts geradezu krankhafte Sucht, seine künstlerische Überlegenheit nachzuweisen, verführte ihn zu ständigen kostspieligen Veränderungen seiner Entwürfe. Dadurch aber verlor er das Vertrauen seiner Bauherren, die ihm schließlich keine Aufträge mehr erteilten.

Ähnlich hatte sich Francesco Borromini gegenüber seinem erfolgreichen Rivalen Gianlorenzo Bernini zurückgesetzt gefühlt. Das lag nicht nur in grundsätzlich unterschiedlichen künstlerischen Auffassungen im Spannungsfeld zwischen dem imperialen Barock der Päpste und dem gefühlsbetonten, überschwenglichen Barock der Gegenreformation, sondern auch in unterschiedlichen Charakteren und Lebensauffassungen begründet. Bernini führte das Leben eines der großen Künstlerfürsten. Seine Reise nach Paris im Jahre 1665 glich einem Triumphzug.

59

Johann Bernhard Fischer von Erlach,
Kupferstich von G. A. Delsenbach, 1719
(Staatliche Museen zu Berlin, Kupferstichkabinett)

Francesco Borromini, San Ivo della Sapienza in Rom,
Entwurf zur Laterne, 1642 bis 1660
(Graphische Sammlung Albertina, Wien)

Er schuf eine Porträtbüste Ludwigs XIV. und einen Entwurf der Ostfassade des Louvre, mit dem er allerdings keinen Erfolg hatte. Borromini dagegen, der asketisch lebende Jesuitenpater, beging 1667, vereinsamt und schon seit langem ohne Aufträge, Selbstmord.

Im Streben nach größerer Macht drängte Eosander von Göthe Andreas Schlüter aus dem Amt des Berliner Hofarchitekten. Willkommenen Anlaß bot ihm damals dessen mißglückter Versuch, den Münzturm zu bauen.

Den wohl entscheidenden Rahmen für die Förderung des kollektiven Schaffens der Architekten im Barock bildete das Hofbauamt. Es ermöglichte die Konzentration der künsterisch Befä-

Gianlorenzo Bernini, Radierung von James Basire
(Staatliche Kunstsammlungen Dresden, Kupferstich-Kabinett)

higten auf das Entwerfen, die Ordnung der Verwaltungsarbeiten, die Anleitung und Überwachung der Bauarbeiten, den Einfluß auf die Bauten der Bürger und nicht zuletzt eine systematischere Ausbildung des Nachwuchses. Allerdings weisen die Ausschaltung des Wiener Hofbauamtes beim Entwurf des Schlosses Schönbrunn unter Leitung Fischer von Erlachs wie auch die häufige Umgehung des Dresdener Hofbauamtes durch August den Starken darauf hin, daß die Ämter den von ihrer Bauleidenschaft besessenen Herrschern zu schwerfällig waren. Das Hofbauamt ermöglichte jedoch einerseits eine diffenziertere Arbeitsteilung auch im Entwurfsprozeß und·andererseits die Herausbildung eines überindividuellen Stils.

Die Architektur des französischen Barocks wird stets mit dem Namen des jeweiligen »Premier Architecte du Roi« verbunden, so mit Jules Hardouin-Mansart, François Leveau, Robert de Cotte, Germain Boffrand, Jacques und Jacques-Ange Gabriel und Jacques Germain Soufflot. Hinter ihnen aber stand eine große Anzahl anonym gebliebener Architekten in den Büros in Paris und Versailles, der »Architectes sous clef«, der unter Verschluß gehaltenen Architekten. Berufliche Möglichkeiten und gesellschaftliche Wertschätzung des Architekten richteten sich nach seiner Einordnung in die Hierarchie des Hofes als königlicher Beamter, die er sicher nicht allein durch seine künstlerischen Fähigkeiten erreichen konnte.

Es entsprach den allgemeinen Gepflogenheiten am Hofe, wenn auch der Hofarchitekt seine Verwandten an den einträglichen Bauvorhaben, die er zu leiten hatte, beteiligte. Jacques IV Gabriel, der Begründer dieser weitverzweigten Architektendynastie, führte als Bauunternehmer fast alle von Hardouin-Mansart entworfenen Bauten teils auf eigene Rechnung, teils in Gemeinschaft mit drei Vettern und zwei jüngeren Brüdern aus. Allein für Versailles hatte er in der Zeit von 1668 bis 1682 einen Umsatz von etwa 3,5 Millionen Livres. Sein Sohn Jacques V erhielt 1704 das Adelsdiplom und wurde 1737 Direktor der Pariser Architekturakademie. Als »Contrôleur général des Bâtiments du

Roi« bezog er 1708 das für damalige Zeiten märchenhafte Gehalt von 20 500 Francs.

Zumindest für den Barock erwies es sich, daß Baubeamte durchaus in der Lage waren, künstlerische Leistungen höchsten Ranges zu schaffen. Die Kritik an den Beamten setzte erst gute 150 Jahre später ein, getragen von den freischaffenden, um ihre Existenz ringenden Architekten. Geleitet durch die Hofbauämter, profilierte sich die unternehmensmäßige Organisation des Bauens vor dem Hintergrund der feudalistisch-bourgeoisen Barockgesellschaft als Nährboden für herausragende Kunstwerke

63

Jacques V Gabriel, Porträt
(Musee National du Louvre, Paris)

und zugleich für Betrugsaffären, Intrigen, Nepotismus und Bürokratie.

Nach dem großen Brand von 1666 in London führte der gewaltige Umfang des Wiederaufbaus – allein 53 abgebrannte Pfarrkirchen waren neu zu errichten – zu einer ähnlich straffen Organisation unter der Leitung von Sir Christopher Wren. In seinen Händen lagen die Entwurfsarbeiten und die Aufsicht über die Bauarbeiten einschließlich Prüfung der Rechnungen und Bestimmung der Preise für Bauarbeiten und Materialien. Neben den festen Bezügen als »Surveyor General« und seiner Dienstwohnung in Whitehall erhielt Wren für einzelne größere Aufgaben, wie für St. Paul's Cathedral, zusätzliches Honorar, mußte allerdings einen Teil seiner Mitarbeiter selbst bezahlen.

Das sächsische Oberlandbauamt in Dresden bestand zur Zeit Augusts des Starken aus 20 Personen. In der Zeit von 1692 bis 1744 wurde es von einem Generalintendanten und Oberinspektor aller Militär- und Zivilbauten geleitet. Diesen höchsten Posten im sächsischen Bauwesen, dessen Inhaber das Vorrecht genossen, alle Pläne dem König persönlich vorlegen zu dürfen, hatten Generalwachtmeister Wolf Caspar von Klengel, Generalquartiermeister Johann Georg Starcke, Generalfeldmarschall Graf Wackerbarth und Generalleutnant de Bodt inne. Nach de Bodts Tod 1745 wurden Militär- und Zivilbauwesen in Dresden voneinander getrennt.

Zum Personal des Oberlandbauamtes gehörten: der Oberlandbaumeister, verantwortlich für die Bauten des Hofes, für Brükken-, Wehr- und Dammbauten, die Landbaumeister, zuständig für die Bauten auf dem Lande, für die Aufsicht der Bauschreiber und die Bauhandwerker, schließlich die Bauschreiber und Kondukteure, der Oberbauamtszahlmeister sowie Sekretäre, Kopisten, Registratoren und Aufwärter.

Während die Arbeitsweise des Dresdener Oberlandbauamtes im 17. Jahrhundert noch kollegialen Charakter trug, vollzogen sich im 18. Jahrhundert erhebliche Veränderungen. Es wurde zu

einem Instrument des absolutistisch regierenden Fürsten. In der

Blütezeit des Dresdener Barocks, als das Oberlandbauamt unter
der Leitung von Matthäus Daniel Pöppelmann stand, gab es
zwar Vereinbarungen über eine Aufgabenteilung zwischen den
Baumeistern, etwa der Art, daß Pöppelmann selbst für Dresden,
Zacharias Longuelune für Pillnitz, Johann Christoph Knöffel für
Sedlitz, Raymond Leplat für die Innenraumgestaltung zuständig
waren. Im Grunde aber herrschte im Amt kollegiale Zusammenarbeit. Pöppelmann führte Planungen von Longuelune weiter,
während sich dieser mit seiner am französischen Barock geschul-

65

Matthäus Daniel Pöppelmann, Zacharias Longuelune
und Jean de Bodt, Japanisches Palais in Dresden,
Entwurfszeichnung für den Umbau, 1727–1728, Ausschnitt
(Institut für Denkmalpflege, Dresden)

ten klassizistischen Auffassung dem über das tektonische Gerüst quellenden Formenreichtum der Architektur Pöppelmanns anpassen mußte.

Die Art des Zusammenarbeitens und die Gewohnheit, daß der Amtschef die Pläne signierte, bereitet natürlich erhebliche Schwierigkeiten für die Feststellung der Urheberschaft und läßt sie hinter der Würdigung kollektiver Leistung zurücktreten. Sicher hat es ständig Reibungen gegeben, die Wackerbarth dadurch zu umgehen suchte, daß die Pläne in der durch das Dienstalter gegebenen Reihenfolge zu signieren waren: Karcher – Pöppelmann – Leplat – Longuelune – Knöffel. Der ständige Wettbewerb zwischen den Architekten führte zu einer beachtlichen Integration des Anteils des einzelnen in die kollektive künstlerische Leistung des Amts.

Die traditionelle Rivalität unter den Architekten, die sich immer wieder neu an dem Streben entzündete, den anderen zu überflügeln, das größere Vertrauen des Bauherrn zu erringen und die bedeutenderen Aufträge zu erlangen, erhielt im 19. Jahrhundert immer deutlicher einen kommerziellen Hintergrund. Drängte Leo von Klenze im Streben nach uneingeschränkter künstlerischer Autorität am Münchner Hof Karl von Fischer aus dem Amt und suchte er dann, als dieses Ziel erreicht war, die Karriere seines Konkurrenten Friedrich von Gärtner mit Hilfe von Intrigen und Winkelzügen zu verhindern, so begannen nun die freischaffenden Architekten gegeneinander und gegen die Konkurrenz der Baubeamten und Bauunternehmer um den Auftrag, das heißt um ihre Existenz zu kämpfen. Allerdings hatte der freischaffende Architekt gegenüber dem Beamten erhebliche Nachteile, weil er von der Beschaffung der Aufträge über das Entwerfen bis hin zu Ausschreibung und Abrechnung alle Arbeiten allein bewältigen mußte. Das war sicher ein wichtiger Grund dafür, daß in der Zeit lebhafter Bautätigkeit, wie sie etwa nach der Reichseinigung 1871 in Berlin einsetzte, größere Büros entstanden, in denen sich ein Gesellschafter auf den künstlerischen Teil konzentrierte, während ein zweiter die geschäftlichen Obliegenheiten übernahm. Die namhaften Berliner Architekturbüros Ende & Boeckmann, Kyllmann & Heyden, von der Hude & Benda, Kaiser & von Großheim, Gropius & Schmieden, Kremer & Wolffenstein verbreiteten die monumentale Architektur der wilhelminischen Ära weit über das Deutsche Reich hinaus.

Hier setzten sich Traditionen durch, die bis auf die Hofbauämter des 17. und 18. Jahrhunderts zurückgingen. Auch späterhin pflegte ein großer Teil derjenigen Architekten, deren Werke heute als Meilensteine der Weltarchitektur gewertet werden, die Kontinuität ihrer eigenen leitenden schöpferischen Tätigkeit durch Partnerschaft zu sichern. Selbst in gesellschaftliche Verpflichtungen als elementare Voraussetzung für die Beschaffung von Aufträgen, in Lehraufgaben und Vortragstätigkeit für die Popularisierung der Programme des Neuen Bauens eingespannt, suchten sie nach Partnern, die ihre Ideen sicher weiter bearbeiten konnten und als Atelierchefs die Leitung, Arbeitsorganisation und Aufsicht übernahmen. Selten werden sie als Autoren mitgenannt, meistens bleiben sie anonym, für die Architekturgeschichte unwesentlich.

Über Jahrzehnte arbeitete Edouard Charles Jeanneret, der sich Le Corbusier nannte, mit einem Cousin seines Vaters, Pierre Jeanneret, zusammen. Walter Gropius, der wegen einer Versteifung des rechten Unterarms nicht zeichnen konnte, war auf die sensible Umsetzung seiner Ideen durch einen Partner in ganz besonderem Maße angewiesen. Unmittelbar mit seinem Ausscheiden aus dem Atelier von Peter Behrens 1910 begann die Partnerschaft mit Adolf Meyer, die sich über den ersten Weltkrieg hin bis zum Dessauer Bauhaus bewähren sollte. Daneben sind als engste Mitarbeiter aus dieser Zeit zu nennen: Carl Fieger, Karl Schneider, Fritz Kaldenbach, Ernst Neufert und Fred Forbat. In England arbeitete Gropius 1934 bis 1937 mit Maxwell Fry und nach seiner Berufung an die Harvard University in Cambridge, Massachusetts, 1937, mit Marcel Breuer, Martin Wagner und Konrad Wachsmann zusammen.

Größere Büros ermöglichten einen höheren Grad der Arbeitsteilung und damit die Übernahme von Aufgaben mit einem bisher noch nicht dagewesenen Umfang in Industrie und Städtebau. In einer für Europa noch unbekannten Größenordnung entstanden solche Firmen zuerst in den USA, so Holabird & Roche in Chicago oder das seit 1910 für den modernen Industriebau maßgebende Architekturbüro Albert Kahn Incorporated in Detroit, Michigan. Sie waren die Pioniere einer neuen Organisation architektonischen Schaffens, die eher dem hohen Grad der vergesellschafteten Arbeit seit der Jahrhundertwende in den führenden Industrieländern entsprach als die traditionellen kleinen, wenig leistungsfähigen Büros mit ihrem in der Idylle individuellen Künstlertums befangenen und nach patriarchalischen Prinzipien leitenden Prinzipal.

Über Jahrzehnte hat Walter Gropius auf die sich aus dieser Entwicklung ergebenden Konsequenzen für das Berufsbild des Architekten aufmerksam gemacht und im 1919 in Weimar gegründeten Bauhaus die Erziehung der Architekten zum kollektiven Arbeiten zu verwirklichen versucht. Ihre reifste Lösung fanden diese Bemühungen schließlich 1946 mit der Gründung von The Architect's Collaborative durch den Zusammenschluß mit acht Partnern, ehemaligen Schülern und Assistenten. Um das gesteckte Ziel, Teamwork mit Individualisten, zu erreichen, sollte auf der Grundlage des freiwilligen Zusammenschlusses der Partner Kooperation und gemeinsame Nutzung der technischen und Informationsmittel verknüpft werden mit gleichzeitiger voller Verantwortung des einzelnen Projektbearbeiters. Hierin ist einer der vielfältigen und immer wieder neu angestellten Versuche zu sehen, den grundlegenden Widerspruch zwischen arbeitsteiliger, zur Spezialisierung des einzelnen tendierender Organisation architektonischen Schaffens, die allein den Aufgaben des Massenbaus und den Bedingungen der Industrialisierung des Bauens gerecht werden kann, und schöpferischer Individualität als Voraussetzung für Architektur aufzulösen. Vor allem bemühte man sich, hierarchische Strukturen zu vermeiden und die

Ausbreitung bürokratischer Verfahrens- und Verhaltensweisen zu verhindern.

Der Architekt verstand sich nun nicht mehr als »Dirigent«, der die vielfältigen Gewerke auf der Baustelle zu koordinieren hatte, jetzt mußte er in den Phasen des Planens, Entwerfens und Projektierens die Vertreter der verschiedensten Berufe, das heißt die Spezialisten für Kommunalwirtschaft, Verkehrsplanung, Bauwirtschaft, Bautechnologie, Baukonstruktionen, Akustik, technische Hygiene, Heizungs- und Lüftungstechnik, Tief-

69

Die Mitglieder von The Architect's Collaborative, von links nach rechts:
Sarah Harkness, Jean Fletcher, Robert McMillen, Norman Fletcher,
Walter Gropius, John Harkness, Benjamin Thompson, Louis McMillen
aus: The Architect's Collaborative, 1945–1965, Teufen 1966

bau und viele andere, in seine Arbeit einbeziehen. Damit konnte er seiner Rolle als »Dirigent« nicht mehr in gewohnter Weise gerecht werden, wenn er sie überhaupt noch als sein Ziel ansah. Anfänglich als Lösungsvorschläge von ihm entwickelte Gestaltungskonzeptionen bedurften der Vervollständigung und Vervollkommnung durch schrittweise Einarbeitung der Beiträge aus den einzelnen Fachgebieten und der Anforderungen der Kommunalpolitiker.

Der einst gradlinig verlaufende architektonische Schaffensprozeß ist so unübersichtlich geworden, daß er inzwischen Fachleute erfordert, die von seiner Organisierung beansprucht werden. Die ursprüngliche gestalterische Idee des Architekten kann hierbei an Reife und Wirklichkeitsnähe gewinnen, sie kann aber ebensoschnell verlorengehen. Mitunter erweisen sich die einzelnen Komponenten einer Aufgabenstellung als so vielfältig, zwingend und auch sich gegenseitig widersprechend, daß die Architekten Gefahr laufen, ihre Funktion nur noch als Koordinatoren von Teillösungen zu erfassen und auf die Entwicklung einer architektonischen Grundkonzeption zu verzichten. Dann aber wird Architektur zur nachträglichen Dekoration technisch-ökonomisch bestimmter, meist schachtelartiger Baukörper. Zu dem Reißbrett des Architekten der Jahrhundertwende, der noch alles konnte, von der Stadtplanung bis zum Entwurf eines Eßbestecks, trat – immer mehr Zeit und Kraft beanspruchend – der Sitzungstisch als Arbeitsplatz, da es nur dort möglich wurde, künstlerische Intentionen verständlich und ihre Verwirklichung zum Anliegen aller Beteiligten zu machen.

Das Entwerfen

Das Entwerfen bildet den Mittelpunkt der Berufstätigkeit des Architekten. Auch wenn es stets nur einen geringen Teil seiner Arbeitszeit beansprucht, dienen alle anderen Arbeiten seiner Vorbereitung und seiner materiellen Umsetzung. Das erste Ergebnis des Entwerfens sind Skizzen, Zeichnungen und Modelle, die das gedachte Bauwerk im verkleinerten Maßstab vorwegnehmen. Sie lösen zwar die Bauaufgabe noch nicht, aber sie versprechen ihre Lösung. Darin liegt der besondere Reiz, aber auch die Gefahr, da der Entwurf die Erfüllbarkeit gesellschaftlicher Bedürfnisse wie persönlicher Wünsche vorspiegelt. Im Entwerfen vermittelt der Architekt die Gesamtheit der Anforderungen und Bedingungen, der Ideen und Schönheitsvorstellungen seiner Zeit, ihren Bezug zur Geschichte, auch das Streben nach Bewältigung der Zukunft in der Ganzheitlichkeit architektonischer Gestalt. Skizze, Zeichnung und Modell des gedachten Bauwerks sind Kommunikationsmittel in dreifacher Hinsicht. Sie vermitteln zwischen:

– Architekt und Bauherrn als Grundlage für die Entscheidung, wie vorgeschlagen zu bauen,
– den Projektanten als Grundlage für die weitere Vervollkommnung der Lösung,
– Architekt und Bauleuten als Grundlage für die korrekte Verwirklichung des Entwurfs.

Die Fähigkeiten und Möglichkeiten zum Entwerfen werden deshalb von jedem, der als Architekt anerkannt zu werden beansprucht, sorgsam gepflegt und leidenschaftlich verteidigt.

Zeichnerische Darstellung von Bauwerken aus dem Alten Ägypten sind auf Kalksteinplatten, Pergament und Papyri erhalten. Welche Aufgabe sie hatten, bleibt allerdings weitestgehend unklar. In Grundrißdarstellungen erscheinen Elemente des Aufrisses so integriert, daß sie, ergänzt durch Ausstattungsgegenstände, Angaben über Vorratslager und Bewohner, mehr vom Leben erzählen, das sich in den Häusern abspielte, als daß diese nach ihnen gebaut worden wären.

Daneben gibt es Skizzen, vermutlich als Ausführungsunterlagen oder Hilfskonstruktionen für Steinmetzen gedacht. Sie hatten die Fixierung technischer Standards und bestimmter Regeln zum Ziel, nicht jedoch die konzeptionelle Lösung einer Bauaufgabe.

71

Der Auftrag der griechischen Architekten bestand, so notierte es Platon, in der Leitung der Bauarbeiten, die das Aufreißen des Bauwerks auf dem Baugrund und die Bemessung der einzelnen Bauglieder einschloß. Dies geschah mit Hilfe von Meßseilen, Richtstäben, Setzwaagen und Visierscheiben und forderte die Beherrschung elementarer geometrischer Konstruktionen, die vermutlich schon den ägyptischen Baumeistern bekannt waren. Das Ziel ihrer Anwendung ist nicht in einem vordergründigen Streben nach Schönheit zu suchen, sondern nach magischer Übereinstimmung zwischen den Gesetzmäßigkeiten des Weltalls und der Funktion des Tempels als Erscheinungsraum der Gottheit. Die Anwendung geometrischer Regeln sicherte die Materialisierung religiöser Inhalte und zugleich die Einhaltung bautechnischer Bedingungen.

Erst in hellenistischer Zeit vollzog sich der auch für die soziale Wertschätzung des Architekten gravierende Wandel zu einer von jeder Nützlichkeitsbeziehung befreiten Kunst. Der Architekt, dessen Arbeit anfänglich bestimmt war durch gesetzte Zwecke und durch »téchne«, zu verstehen als Beherrschung unabhängig vom Menschen bestehender Vorschriften für eine zweckgerichtete Handlung, verwandelte sich als Künstler in ein Werkzeug der Götter.

Abgesehen von in Steinplatten eingeritzten Detailzeichnungen überlieferte die griechische Antike keine Bauzeichnungen. Gesichert sind lediglich Baubeschreibungen. Da es aber Nachrichten über öffentliche Wettbewerbe gibt, können Zeichnungen nicht grundsätzlich ausgeschlossen werden. Wörter wie »hypographai« für Zeichnung und »paradeigmata« oder »emboleis« für Modell finden sich in der Literatur. Es ist aber unklar, ob sie sich auf Details oder Symbole bezogen haben, Widmungs- oder Erinnerungsbilder bezeichnen sollten.

Gestützt auf die klassische griechische Philosophie kennzeichnete Vitruv zwei Komponenten des Bauens: »fabrica«, das ist die manuelle, zu konkreter Form führende Tätigkeit; »ratiocinatio«, das ist die zur Vorbereitung des Bauens erforderliche geistige Tätigkeit, das Entwerfen. Weiter unterschied Vitruv sorgfältig zwischen dem Grundriß (ichnographia), dem Aufriß (orthographia) und der Perspektive (scaenographia). Aulus Gellius und Cicero sprachen von Entwurfszeichnungen auf Pergament. Auch die in Herculaneum gefundenen Zeicheninstrumente bestätigen, daß die römischen Architekten gezeichnet haben.

Die Regeln antiker Geometrie sind als Grundlage des Bauens im Mittelalter lebendig geblieben. Übermittelt wurden sie durch sorgfältig gehütete Vitruv-Manuskripte, aber auch durch die Schriften arabischer Gelehrter. Der Erzbischof von Toledo hatte 1126 eine Schule eingerichtet, um von den griechischen und arabischen Traktaten lateinische Ausgaben herstellen zu lassen. Robert von Chester übersetzte 1145 die Algebra des Al-Khawarizmi, Gerard von Cremona den »Almagest« des Ptolemäus und Al-Zaqalis Werke über die Trigonometrie. Jedoch nur wenigen hochgebildeten Klerikern dürfte sich wohl der Reichtum spätantiker Wissenschaft erschlossen haben.

Die Werkmeister der mittelalterlichen Monumentalbauten übernahmen die spätantike Geometrie als nicht weiter begründbare Rezepte, deren Anwendbarkeit sich allein beim Bauen erwies. Die aus dem Quadrat, dem gleichseitigen Dreieck und dem regelmäßigen Fünfeck abgeleiteten Schlüsselfiguren wurden im festen Glauben an ihre magische Kraft verwendet, da sie schon bei der Erschaffung der Welt benutzt worden seien. Die sich aus ihnen ergebende harmonische Proportionierung aller Teile eines Bauwerks in Grund- und Aufriß bildete zugleich Gewähr für ihre Standsicherheit. Jede Neuerung, jedes Abweichen von gesicherter Regel setzte ein hohes Maß an Kühnheit und Selbstvertrauen voraus und führte bei den Bauherren zu Unsicherheiten. Sie engagierten dann berühmte Werkmeister als Berater oder beriefen Kommissionen ein. Eines der dramatischsten Beispiele stellt wohl der Mailänder Dombaustreit dar, der aus der Entscheidung des Herzogs herrührte, den Dom nicht in der für Oberitalien traditionellen Backsteinbauweise, sondern aus

73

die/so außerhalb solcher Kunst von der Handt arbeit etwas machen/
wie die Blinden wandlen/ vnnd in dem Werck irz gehn/
darumb jre Werck kein ansehen haben können/ ...
Rivius

74

Michael III Parler, Straßburger Münster,
Ausschnitt aus dem Fassadenriß mit Rose, um 1385
(Service d'Architecture de l'Oeuvre Notre-Dame,
Strasbourg)

Natursteinmauerwerk mit Marmorverkleidung zu errichten. Florian von Brixen mußte 1388 ein erstes Gutachten abgeben. Schon ein Jahr später wurde der französische Hüttenmeister Nicolas Bonaventure als »Generalbauleiter« eingestellt. Danach lieferte der in Mailand verhaßte Heinrich III Parler von Gmünd ein weiteres Gutachten und ein Holzmodell, das bei den einheimischen Steinmetzen auf strikte Ablehnung stieß. Schließlich wurde eine Konferenz einberufen, an der sich 14 Werkmeister beteiligten. Nach einem kurzen Aufenthalt Ulrichs von Ensingen 1394/95, der ebenfalls ergebnislos verlief, gab fünf Jahre später Jean Mignot ein Gutachten ab, in dem der berühmte Satz steht: »Ars sine scientia nihil est« (Kunst ist ohne Wissenschaft nicht möglich).

»Ars« ist hier die von altersher übernommene Formel, das Verhalten nach praktischer Erfahrung, »scientia« dagegen bedeutet die Fähigkeit, die Standfestigkeit des Bauwerks aus der Geometrie ableiten zu können. Über 80 Jahre später arbeitete dann Johann Niesenberger mit 15 eigenen Steinmetzen am Dombau, der nach vielen Unterbrechungen schließlich 1856 vollendet wurde.

Entwurfszeichnungen dürften im Mittelalter nicht so selbstverständlich gewesen sein, wie aus der Vielzahl erhaltener spätgotischer Risse geschlossen werden könnte. Der Entwurf eines einzelnen Hüttenmeisters bezog sich nur auf einen bestimmten Abschnitt des Bauwerks, dessen gesamte Bauzeit sich ja stets über mehrere Generationen ausdehnte. In die wichtigste Gruppe erhaltener Risse, die den Verträgen zwischen den Räten der Städte und den Hüttenmeistern zugrunde lag, gehörten meist Bearbeitungen, Weiterführungen vorhandener Pläne eines Vorgängers. Oft hängte man solche Risse, die Ansicht einer Turmfassade etwa, über den Opferstock, um die Freigiebigkeit der Kirchgänger anzuregen.

Zum Zeichnen benutzten die Hüttenmeister »wage, winckelmoss, triangel und linial«. Wichtigstes Instrument aber war der Zirkel, oft mit zwei unterschiedlich langen Schenkelpaaren als Proportionszirkel. Mit seiner Hilfe konnten die geometrischen

Schlüsselfiguren entwickelt werden. Die Angabe eines Grundmaßes genügte völlig, um die Übertragung des Plans auf den Baugrund zu sichern. Die geometrische Ähnlichkeit machte den Hüttenmeister von örtlich unterschiedlichen Maßeinheiten unabhängig und gewährleistete die Vergleichbarkeit der Pläne, gleich aus welcher Hütte sie stammten. Er zeichnete auf Pergament, das auf Reißbretter aufgespannt wurde, mit Silber-, Messing- oder Eisenstiften, der Zirkelspitze, Blei oder Zinn zuerst einen »Blindriß«. Dieser fixierte, von einer geometrischen Schlüsselfigur ausgehend, nur ein abstraktes Gesamtbild. Daran schloß sich die Ausarbeitung der Reinzeichnung an, für die der Hüttenmeister stärker färbende Zeichenmittel wie Blei, Zinn, Rötel oder Sepiatusche verwendete. Den Blindriß entfernte er sorgfältig, da dieser nur gestört und vor allem die ganz individuelle Entwurfstechnik des Meisters offenbart hätte. Die meisten Risse zeigen orthogonale Parallelprojektionen. Details können auch isometrisch dargestellt sein. In den Rissen Peter Parlers treten noch keine folgerichtig dargestellten Schrägansichten auf. Ulrich von Ensingen zeichnete aber beim Aufriß eines Chores bereits korrekt dargestellte Profilverschneidungen.

Offensichtlich konnten sich manche Bauherren nicht für eine Lösung entscheiden, wenn nur eine Zeichnung in einem kleinen Maßstab vorlag. Das ist ein bis in die Gegenwart ungelöstes Problem. Um einen realistischen Eindruck zu bekommen, ließen die Bauherren wichtige Teile eines Entwurfs in Originalgröße darstellen. So mußte Jacopo della Quercias Entwurf des Mittelportals von S. Petronio in Mailand auf eine gegenüberstehende Hauswand aufgetragen werden, damit man über die weitere plastische Durcharbeitung Klarheit gewinnen konnte.

Vor allem aber benötigten die Steinmetzen Detailzeichnungen im Maßstab 1:1 als Arbeitsvorlagen. Sicherlich waren die Wände der zu den Bauhütten gehörenden Reißkammern voll von diesen. Die Hüttenmeister benutzten geeignete Böden, etwa über Seitenschiffen der Kathedralen, um großflächige Details für die Herstellung von Schablonen auszutragen.

Eine besondere Bedeutung für den mittelalterlichen Hütten-
betrieb hatten sogenannte Repliken, »abgekupferte« Risse, die
von wandernden Meistern zu einer anderen Hütte mitgenom-
men wurden. Auf diese Weise verbreiteten sich die neuesten
Lösungen der berühmten Parlerschen Hütte auf dem Prager
Hradschin vor allem nach Wien und Süddeutschland. Diese
Wanderungen konnten dazu führen, daß Risse zwar nicht an
ihrem Ursprungsort verwirklicht wurden, sondern auf einer weit
von ihm entfernten Baustelle. Repliken zeichneten auch zu
Übungszwecken die »Diener«, die Meisterschüler der Hüttenmeister. In diese Gruppe gehören wahrscheinlich die ältesten er-
haltenen mittelalterlichen Risse, die sogenannten Reimser
Palimpseste aus dem 13. Jahrhundert.

Im Zusammenhang mit dem Rückgang der Bautätigkeit in der
Spätgotik zeigen sich Tendenzen zur Verselbständigung der
Entwurfszeichnung. »Planmeister« traten auf, die lediglich noch
Risse, insbesondere Austragungen von Netzgewölben, lieferten,
aber – von einzelnen Baustellenbesuchen abgesehen – nichts
weiter mit der Ausführung zu tun hatten. Vor allem häuften
sich spielerische Etüden, die gar nicht mehr für die Ausführung
gedacht waren, sondern lediglich die virtuose Beherrschung des
Zirkels demonstrieren sollten.

Der geometrische Symbolismus, der von jeher architektoni-
schem Entwerfen zugrunde lag, fußte auf der Vorstellung von
der Korrespondenz von Makro- und Mikrokosmos, der harmonischen Struktur des Universums und der Darstellbarkeit der All-
gegenwart Gottes. Hierüber reflektierte Platon bereits in seinem
»Timäos«. Diese Prinzipien finden sich auch in den Entwürfen
der Renaissance-Architekten. Architektur war für sie ein Teil der
mathematischen Wissenschaft, da sie in der Schöpfung räumli-
cher Einheiten bestand und, durch die Abstraktheit ihrer Formen allen anderen Künsten überlegen, die »Idee« am reinsten
zum Ausdruck bringen könne. Architektur beruhte auf Philosophie und Mathematik als Sammlung der göttlichen Gesetze von
Ordnung und Harmonie der Welt. Man konnte ihre Regeln den

77

Die Spuren der Geometrie sind in der Welt ausgedrückt,
wie wenn die Geometrie gleichsam
der Archetypus des Kosmos wäre.
Johannes Keppler

Schriften der Architekturtheoretiker entnehmen, aber auch durch das Aufmessen antiker Baudenkmale erkennen. Andrea Palladio war deshalb fest davon überzeugt, die theoretischen Grundlagen der Architektur so weit geklärt zu haben, daß alle seine Nachfolger ohne weiteres fähig wären, schöne und anmutige Bauten zu entwerfen.

Die Hinwendung der Architekten zur Antike begann mit den Studien Brunelleschis und Donatellos, Albertis und Filaretes. Im Laufe der Zeit systematischer werdend, bekamen sie immer mehr archäologischen Charakter. Am Gipfel dieser Entwicklung stehen Bramante und Raffael mit ihren Bemühungen um die Erhaltung der römischen Altertümer in einer Zeit, in der die Päpste die Ruine des Colosseums noch als Steinbruch nutzten.

Seit der Mitte des 16. Jahrhunderts erschien die Tätigkeit der italienischen Architekten nur noch im Rahmen eines literarischen Vitruvianismus denkbar. Wurden hundert Jahre früher die Lehren der Alten durch die Lehren des Meisters in der Werkstatt, durch Studieren beispielhafter Bauwerke, durch das Kopieren eines Planes oder Abschreiben eines Manuskripts weitergegeben, konnte nun dank des Buchdrucks jeder Architekt auf die in den Architekturtraktaten konzentrierten Erfahrungen zurückgreifen und die der Aufgabe angemessenen Proportionen nach Musterblättern aussuchen.

Die vom Bauherrn geforderte komplette Planung eines Bauwerks und die Abgrenzung des Entwerfens von den Bauarbeiten führte, unmittelbar angeregt von der hohen Wertschätzung der künstlerischen Idee, zur Hervorhebung der Zeichnung als eigentliches Anliegen des Architekten. Sie war die alle Künste einigende Grundlage und zugleich Ausdruck der Wissenschaftlichkeit der Kunst. Leonardo da Vinci stellte deshalb die Forderung auf, daß der Künstler zuerst die Wissenschaft der Kunst studieren müsse und erst dann die Praxis, die auf dieser Wissenschaft beruhe.

Dieser Auffassung folgend, die wieder die klassische Vorstellung von den Sieben Freien Künsten aufgriff, änderte Leonbattista Alberti in seinen »Zehn Büchern über die Architektur« die von Vitruv verwendete Reihenfolge und begann mit den »Rissen«, denen er die Aufgabe zumaß, Kriterien der Praxis vorwegzunehmen. Filarete unterschied hier drei aufeinanderfolgende

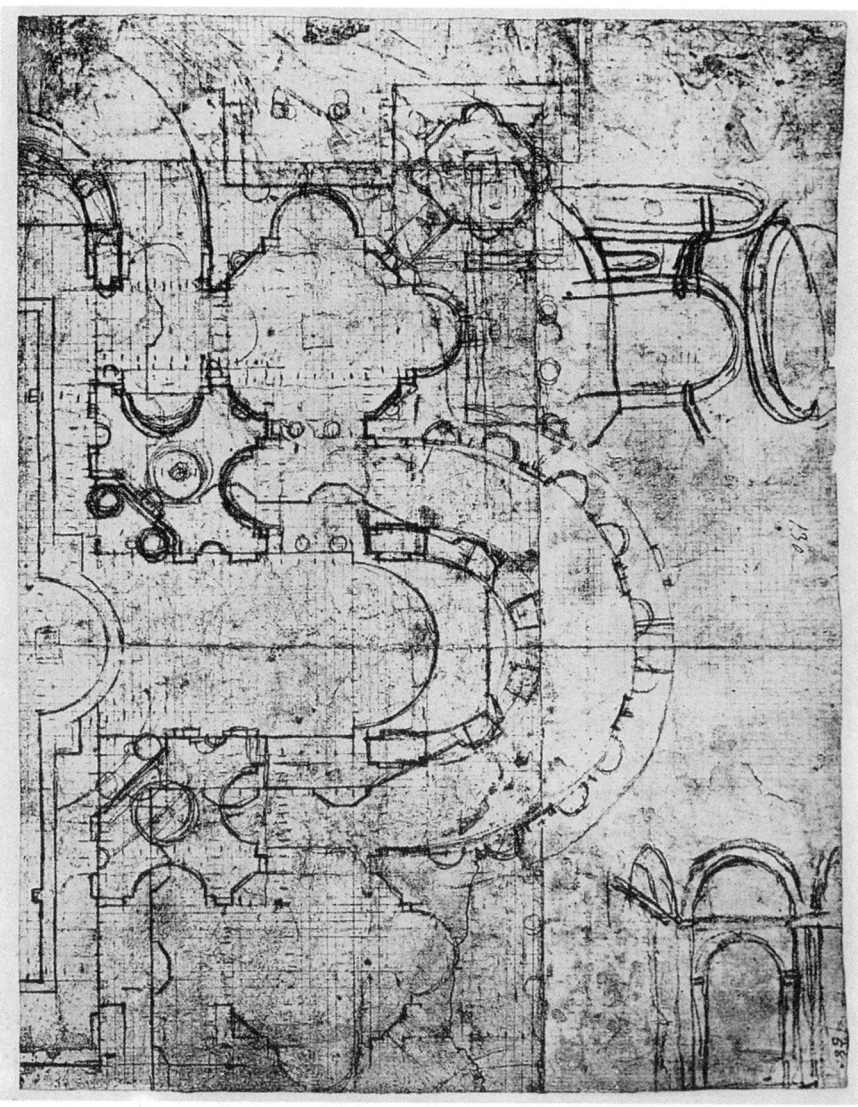

Donato Bramante, Entwurf für St. Peter in Rom,
Grundriß, Studio D, 1506, aus: H. von Geymüller:
Die ursprünglichen Entwürfe für St. Peter in Rom,
Wien und Paris 1875, Atlasband

Stufen des Entwerfens, denen er jeweils eine bestimmte Kategorie von Zeichnungen zugewiesen hat:

- »Congetto« oder »pocco disegno«, Ideenskizzen,
- »Disegno proporzionalo (e misurato)«, maßstäbliche Entwurfszeichnungen auf der Grundlage eines Rasters. Dies ermöglichte eine größere Variabilität als die mittelalterlichen Schlüsselfiguren. Maßangaben und konstruktive Details enthielten diese Zeichnungen nicht. In erster Linie waren sie Vertragsgegenstand. Eventuell ergänzten gestalterische Einzelheiten wie Gesimsprofile, Fensterumrahmungen oder ähnliches die grob fixierten Grund- und Aufrisse. Ausgearbeitete Fassaden dagegen gewannen erst bei Palladio einen höheren Wert.
- »Modello« und »disegno rilevato«, maßstäbliche Modelle des gesamten Bauwerks oder eines wichtigen Bauteils. Berühmtheit erlangte das nach dem Entwurf von Antonio da San Gallo d. J. von Antonio Labacco 1539 bis 1546 für vermutlich 5500 bis 6000 Dukaten gebaute Modell für St. Peter in Rom.

Die Lösung konstruktiver Probleme lag völlig in der Kompetenz der Maurer und Zimmerleute. Das ermöglichte Malern, Bildhauern und Kunsthandwerkern, auch als Architekten erfolgreich zu sein. Bramante hat sich in seiner dreißigjährigen Bautätigkeit sicher nie näher mit Bauarbeiten befaßt. Sein Gehilfe und Nachfolger, Antonio da San Gallo d. J., genoß als Architekt kein besonders herausragendes Ansehen, da er doch nur Zimmermann gewesen sei.

Die Zeichentechnik selbst hatte sich wenig geändert. Statt des Pergaments diente jetzt ausschließlich dickes weißes Papier zum Zeichnen, das aber ebenfalls kostbar war, da einzelne Pläne häufig aus kleineren Papierstücken zusammengesetzt worden sind. Statt zu radieren klebte der Zeichner auf eine zu korrigierende Stelle ein Papierblättchen und zeichnete neu. Die dünnen Linien der Vorzeichnung mußten mit Tusche nachgezogen, Schatten und Schnittflächen mit verdünnter Tusche getönt werden. **80** Leichter herzustellende Perspektiven ersetzten die teuren

Modelle. Dem Bauherrn wurde der Entwurf durch einen »Appetitsriß«, eine oft aus der Vogelschau gezeichnete Perspektive mit reichlicher Staffage und einem möglichst heroischem Rahmen, schmackhaft gemacht.

Georg Wenzeslaus von Knobelsdorff, Entwurfszeichnung
für das Königliche Opernhaus Berlin, Hauptfassade,
aus: Dedikationsmappe Friedrich II., 1742
(Staatliche Schlösser und Gärten Potsdam)

Nach wie vor benutzte man den Proportionszirkel zum Entwerfen. Hinzu kamen spezielle Maßstäbe, die es erleichterten, die Abmessungen der einzelnen Fassadenelemente entsprechend den Proportionen der verschiedenen Säulenordnungen in die Fassade einzutragen. Den Maßstab der Zeichnung markierte eine Maßlinie mit entsprechender Teilung. Wer heute die grafisch reizvollen Blätter der Architekten des 17. und 18. Jahrhunderts bewundert, sollte bedenken, daß bis in die Nächte hinein bei Kerzenschein gezeichnet werden mußte. Architekten wurden deshalb schon in jungen Jahren von Augenleiden geplagt. Carl Friedrich Pöppelmann, viertes Kind Matthäus Daniel Pöppelmanns und »Kammerdessinateur« Augusts des Starken, litt an den Folgen überanstrengter Augen ebenso wie die Dresdener Architekten Zacharias Longuelune, Johann Friedrich Karcher und Julius Heinrich Schwarze.

Grundsätzliche Veränderungen im architektonischen Schaffen zeichneten sich erst in der zweiten Hälfte des 18. Jahrhunderts ab. Immer stärker trat die Aufgabe in den Vordergrund, die klassischen Prinzipien der »vraisemblance« (Wahrhaftigkeit), »convenance« (Angemessenheit), »accoutumance« (Gewohnheit), »bienséance« (Bequemlichkeit) und der »ordonnance« (Regelhaftigkeit) mit den Erfordernissen der Zweckmäßigkeit in Übereinstimmung zu bringen. Charles Percier und Pierre François Fontaine, die Hofarchitekten der französischen Restauration, stehen mit ihren Überlegungen über Materialgerechtigkeit und Zweckform in der Architektur an der Schwelle zu einer neuen, in komplexerem Sinne wissenschaftlich fundierten Entwurfstheorie. Bürgerliche Werte, allen voran Zweckmäßigkeit und Sparsamkeit, bildeten jetzt die Leitlinien. Die klassische Rastertechnik, die einmal bei den italienischen Renaissance-Architekten die Beziehungen zwischen dem Menschen und dem Architekten sichern sollte, bildete nun bei Claude Nicolas Ledoux und erst recht bei Jean Nicolas Louis Durand die Grundlage rationalisierten Entwerfens. Nach Auffassung Durands sei durch sie die Kunst der Architektur leicht erlernbar.

Nach der Mitte des 19. Jahrhunderts ist es zwar noch möglich, durch Vergleichen der Bauwerke einzelne Strömungen in der Architektur zu erkennen. Eine Analyse der Entwurfsprinzipien und -methoden jedoch erzeugt Verwirrung: Wesentliche Vertreter des Neuen Bauens waren – ebenso wie führende Architek-

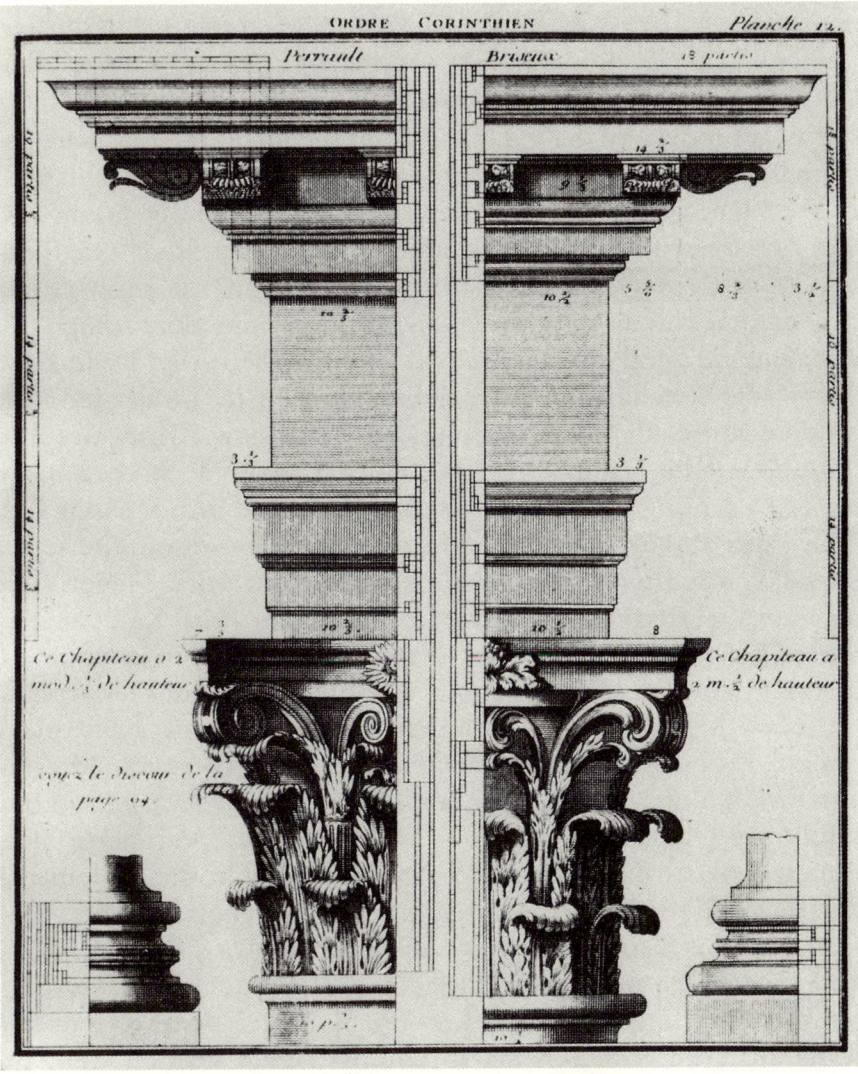

Korinthische Ordnung nach Perrault und Briseux,
aus: Charles Etienne Briseux: Traite du beau essentiel dans
les arts, Paris 1752, Bd. 2, Tf. 12

ten des Historismus – ganz in der klassischen Vorstellung befangen, daß künstlerische Intuition unbedingte Voraussetzung für das Entwerfen sei. Denn, wenn Architektur eine Kunst sei, müsse der Architekt als Künstler im Entwurfsprozeß Entscheidungen auf der Grundlage nicht-rationaler, künstlerischer Kriterien treffen können. Als »Geschmacks-Diktator« suche er nach dem ihm adäquaten Bauherrn. Deshalb betrachtete Le Corbusier Ludwig XIV. als den »letzten wirklich großen Stadtplaner der Geschichte« und meinte, in Marschall Pêtain einen idealen Bauherrn gefunden zu haben. Dementsprechend mußten sich im Verhalten und in den Äußerungen der Architekten Widersprüche zeigen, wenn sie ihre demokratische Grundposition mit einer historisch überholten Vorstellung vom autoritär schaffenden Künstler-Architekten in Übereinstimmung bringen wollten.

Daneben fand offensichtlich nach wie vor die morphologisch-typisierende Methode Durands Anhänger. Selbst gotische Entwurfstechniken blieben noch lebendig. Die in Viollet-le-Ducs Studien mittelalterlicher Architektur enthaltenen Hinweise auf mittelalterliche Schlüsselfiguren wurden aus dem Streben nach neuer Verknüpfung von kosmischer Harmonie und Mensch von Lauweriks und Berlage aufgegriffen. Lauweriks vermittelte seine Proportionslehre unmittelbar an seine Schüler Adolf Meyer, später engster Mitarbeiter Walter Gropius', und Fritz Kaldenbach. Sicher hat Peter Behrens, der Maler, der als Architekt erstmals 1901 mit dem Bau seines eigenen Wohnhauses auf der Darmstädter Mathildenhöhe hervortrat, sich ebenfalls mit Lauweriks' neuen Proportionsrastern auseinandergesetzt, als er diesen auf Empfehlung von Berlage als Lehrer an der Kunstgewerbeschule in Düsseldorf anstellte. Walter Gropius erinnerte sich später dankbar daran, daß ihn Peter Behrens in die Systematik der mittelalterlichen Bauhütten und in die geometrischen Regeln der griechischen Architektur einführte. Da auch Le Corbusier, wenn auch nur wenige Monate, in Behrens' Atelier gearbeitet hat, kann angenommen werden, daß hier erste Keime für seine späteren Arbeiten am »Modulor« gelegt worden sind. Es gibt also überraschend direkte Beziehungen auch zwischen Mittelalter und Neuem Bauen, die etwas von der Gültigkeit der Gesetze architektonischen Entwerfens ahnen lassen.

Schließlich sind vielfältige Versuche erkennbar, das Entwerfen zu objektivieren, es von individueller Willkür zu befreien. Erste Ansätze hierzu sind bei Otto Wagner und bei Charles Francis Annesley Voysey zu finden. Sie münden in den Versuch, aus dem Erkennen der sozialen Verantwortung des Architekten zu kollektiver Bewältigung der die Gegenwart charakterisierenden Bauaufgaben insbesondere des Industrie- und Massenwohnungsbaus vorzudringen. Die historische Bedeutung des Funktionalismus liegt in der Hinwendung zum architektonischen Schaffen auf objektiver Grundlage unter Anwendung wissenschaftlicher Methoden, wie es von den Architekten der Gruppe De Stijl propagiert worden ist. Einer der konsequenten Verfechter einer wissenschaftlichen Entwurfsmethodik war Hannes Meyer.

Die in einem Entwurf zu erfassenden Anforderungen und Bedingungen sind so vielfältig, daß sie niemals eindeutig bestimmt werden können. Das Problem besteht nun nicht darin, ihre Erfassung zu perfektionieren, sondern sie zu interpretieren, sie zu werten und bedeutungsvoll zu machen. Die Qualität eines Architekten erweist sich erst in seiner Fähigkeit zu frühzeitiger Verknüpfung der Entwurfsvariablen in einer Gestaltvorstellung, in der die Welt der Werte modelliert, die Identität von Subjekt und seiner baulichen Umwelt hergestellt wird.

Kompetenz und Integrität

Mit der Auflösung des patriarchalischen Verhältnisses zwischen dem Architekten und seinem feudalen Bauherrn, mit dem außerordentlichen Aufschwung des bürgerlichen Bauens seit der Wende zum 19. Jahrhundert, das für viele den Architektenberuf noch erstrebenswerter und auch erreichbarer machte, mit der Notwendigkeit, zwischen Architekt und Bauherrn rechtlich eindeutige Geschäftsbeziehungen zu definieren, entstand das Bedürfnis, die Kompetenz zur fachlich einwandfreien Bewältigung einer Bauaufgabe vom Entwurf bis zur Abrechnung durch eine entsprechende, öffentlich anerkannte Kennzeichnung der Qualifikation zu dokumentieren. Das dieses Vertragsverhältnis begründende hohe Vertrauen setzte zugleich eine adäquate moralische Integrität voraus, ein öffentlich anerkanntes hohes Berufsethos. Diese Ansprüche konnten nur erfüllt werden durch eine weitestgehend vereinheitlichte Ausbildung, die mit einem staatlichen Zeugnis oder Befähigungsnachweis abschloß, durch die Einführung eines Berufskodex und durch öffentliche, nach einheitlichen Regeln geführte Wettbewerbe.

Die Ausbildung des Architekten, dem ja von jeher neben künstlerischer stets auch wissenschaftliche Fähigkeit zugeschrieben wurde – Vitruv spricht bereits davon, aber auch Walter Gropius –, konnte nie ausschließlich im Rahmen eines Lehrverhältnisses erfolgen, gleichgültig ob es sich um die mittelalterliche Werkstatt, das Atelier eines Künstlers der italienischen Renaissance, ein königliches Bauamt oder um das Büro eines Privatarchitekten gehandelt hat.

Bereits im alten Rom haben die Architekten eine umfassende Bildung genossen. Kaiser Konstantin traf in einem im Jahre 334 erlassenen Edikt entsprechende Regelungen. Mit der Pflege des Zeichnens als der alle Künste begründenden Kunst und mit dem systematischen Studium der antiken Bau- und Bildwerke in der italienischen Renaissance boten Kunstakademien, wie die von Giorgio Vasari geleitete Accademia del Disegno am Hofe der Medici, dem von der mittelalterlichen Zunft emanzipierten Architekten die notwendige Ergänzung zur Werkstattausbildung.

Im absolutistisch regierten Frankreich bildeten die »Architectes du Roi« die Académie d'Architecture. Am 31. Dezember 1671 gegründet, hatte sie die künstlerische Repräsentation des absolutistischen Königtums zu gewährleisten. Ihre Mitglieder, die anfänglich das kleine Konsultativ-Komitee für den Louvre-Bau gebildet hatten, trafen sich wöchentlich, um über die Verbindlichkeit der Regelwerke von Vitruv bis Philibert de l'Orme zu befinden. Vor allem aber bestand die Aufgabe der Akademie darin, den königlichen Architekten aus der Masse der Baumeister herauszuheben und eine den damaligen Ansprüchen genügende theoretische Unterrichtung des Architektennachwuchses, in den königlichen Baubüros ausgebildet, zu sichern. Nach der Gründung einer Filiale der Kunstakademie in Rom erhielten jeweils zwei Preisträger die Möglichkeit zu archäologischen Studien in Italien.

Im 18. Jahrhundert hatten sich Ausbildungswege herausgebildet, die von den einzelnen wohl weniger nach eigenen Vorstellungen als vielmehr nach den vom Zufall bestimmten Möglichkeiten genutzt werden konnten:

– Ausbildung als Lehrling in einem Baubüro oder Bauamt
Die Hofarchitekten wie Balthasar Neumann in Würzburg, Bernhard Fischer von Erlach in Wien, Jules Hardouin-Mansart in Paris oder Matthes Pöppelmann in Dresden verfügten über Lehrlinge, die, gering oder oft gar nicht bezahlt, die Kunst ihrer Meister erlernten.

– Studienreise
Sie gehörte von jeher zu den wichtigsten Ausbildungsphasen. Ursprünglich führte sie nach Rom und in die Toskana zum Studium der römischen Altertümer wie der Renaissancebauten, später trat Paris mit seinen berühmten Schlössern in den Vordergrund und im 19. Jahrhundert Griechenland. Manchmal nutzte einer die Teilnahme an einem Feldzug für seine Studien, meist aber übernahm ein Landesfürst die Finanzierung.

– Studium der Architekturtraktate

– systematische Studien
Dafür bestanden jedoch nur an wenigen Lehrstätten Möglichkeiten. Die Übungen Johann Balthasar Neumanns in »Architectura militaris« an der Universität Würzburg wurden von Offizieren

87

Saft und Kraft ist der Architektur genommen,
wenn man ihr den Rechten Winkel raubt.
Theodor Fischer

aus vielen deutschen Ländern besucht. Den größten Anteil hatten die Kunstakademien, die – seit der zweiten Hälfte des 17. Jahrhunderts auch in Deutschland gegründet – die Aufgabe hatten, den Bedarf der Höfe zu decken.

Spätestens in der zweiten Hälfte des 18. Jahrhunderts aber entsprach die Ausbildung qualitativ wie quantitativ weder dem Bedarf der Bauverwaltungen noch dem des Bürgertums. In Preußen führten die Bemühungen Johann Albrecht Eytelweins, Friedrich Becherers und David Gillys zur Gründung der Bauakademie in Berlin durch »Cabinettsordre« des Königs vom 15. Dezember 1798, die durchaus noch als Anhängsel der Kunstakademie gedacht war. Unter der Regie der Oberbaudeputation entstand hier eine alle Disziplinen des Bauwesens erfassende Schule, wie sie insbesondere von der rasch wachsenden Industrie Preußens nach den Napoleonischen Kriegen dringend gebraucht wurde. Die in kurzen Abständen durchgesetzten Reformen lassen Rückschlüsse auf die sich rasch profilierenden neuen Ansprüche, aber auch auf die erheblichen Meinungsverschiedenheiten über den Inhalt der Ausbildung zu. Obwohl Karl Friedrich Schinkel selbst kein Lehramt an der Akademie innehatte, schlug er 1818 eine vollkommene Änderung des bisher an den Akademien üblichen Lehrplanes vor. Der Kern der Ausbildung sollten Ateliers sein, in denen die Schüler an den Werken der Meister mitarbeiteten. Das Studium der notwendigen Einzelheiten müsse durch eine Gesamtidee zusammengehalten werden. Grundlage bilde das Studium des menschlichen Körpers und der griechischen Baukunst.

Schließlich zeigten sich unter dem Direktorat von Christian Peter Beuth die ersten Anzeichen zur Aufteilung des Unterrichts in einen Kurs für Wege- und Landbaumeister, Inspektoren des Wasser- und Maschinenbaus und einen anderen für Bauinspektoren des Stadt- und Prachtbaus, das heißt in eine Bauingenieur- und eine Architektenausbildung. Um die Mitte des Jahrhunderts ist diese Trennung in Berlin endgültig vollzogen.

Im Laufe der zweiten Hälfte des 19. Jahrhunderts profilierte sich die Ausbildung von Architekten, anfänglich für die Beamtenlaufbahn und später für den freien Beruf an den deutschen Polytechniken als integrierter Bestandteil der Ingenieurausbil-

89

Karl Friedrich Schinkel, die Porta aurea in Pola, Reiseskizze, 1803
(Staatliche Museen zu Berlin, ehemaliges Schinkelmuseum)

dung. Die Vereinigung der Weinbrennerschen Bauschule mit der von Johann Gottfried Tulla geleiteten Ingenieurschule zum Karlsruher Polytechnikum erfolgte 1825. Ähnliche, aus einzelnen Schulen gebildete Polytechniken entstanden wenig später in Hannover – hier lehrte seit 1849 der »Gotiker« Conrad Wilhelm Hase –, in Braunschweig, Darmstadt, Wien und Stuttgart. In Dresden war ursprünglich der Akademie der Künste 1818 eine Bauschule angegliedert. Nach Gründung der Technischen Bildungsanstalt 1828 konnte fast 50 Jahre später auf Vorschlag Zeuners eine Architekturabteilung neben der Bauabteilung mit der Ausbildung beginnen.

Die École des Beaux Arts zu Paris, an der es seit dem 4. August 1819 eine Klasse für Architekten gab, beherrschte die Architektenausbildung in Frankreich. Auch hier wirkten sich die grundlegenden Veränderungen im Architektenberuf aus. Nach 1850 übte Viollet-le-Duc öffentlich scharfe Kritik an den Zuständen an der École, weil für die Praxis ungeeignete, reine Künstler ausgebildet würden. Diesen Mangel ausnutzend, gründete Émile Trélat eine mehr auf technische Belange orientierte Privatschule.

Lediglich in Großbritannien blieb die Ausbildung im Rahmen des Werkstattprinzips. Zusätzliche Lehrgänge veranstalteten höchstens das British Museum oder eine gelehrte Gesellschaft. John Soane, einer der bedeutenden Vertreter des englischen Klassizismus und Schöpfer der im zweiten Weltkrieg zerstörten Bank of England, hatte insgesamt 30 Schüler, die in der Regel fünf Jahre in seinem Büro arbeiteten. Die Arbeitszeit betrug zwölf Stunden am Tag. Im Jahr gab es sechs Wochen Ferien. Die Lehrlinge wurden in die Grundlagen des Vermessens, des Kostenanschlags und der Bauleitung eingewiesen und lernten Zeichnen.

In den europäischen Ländern hatten sich zwei Strömungen herausgebildet. Die eine vertrat die mehr traditionelle Auffassung, daß der Architekt ein freier Künstler sei, allein seiner Kunst verpflichtet und eng verbunden mit den anderen bildenden Künsten. Für die meisten dagegen war Architekt ein Beruf geworden, der nur insoweit existieren konnte, wie er Auftraggeber fand. Die aber verlangten jetzt eine komplexe Dienstleistung, in der die funktionellen und geschäftlichen Ansprüche dem Künstlertum wenig Raum ließen. Die Architekturgeschichte übersieht, daß auf einige von ihr herausgehobene Stars Tausende von Architekten kommen, deren künstlerische Leistung gerade darin bestand, modern gewordene Gestaltungsklischees in Hinblick auf gegebene Bedingungen des Ortes, der Funktion und der verfügbaren Finanzen sinnvoll anzuwenden. Für die erdrückende Mehrheit der Architekten bestand weder die Forderung nach hoher künstlerischer Originalität, noch wäre eine solche durch die mit steigender Zahl der Architekten eintretende Abschwächung der Begabtenauslese erfüllbar gewesen.

Das Gros der Architekturprofessoren an den Technischen Hochschulen hatte sich in den letzten Jahrzehnten des 19. Jahrhunderts so stark auf das Einpauken alter Baustile, auf die Belange der Bauverwaltung und auf die Vermittlung von Grundlagenwissenschaften ohne erkennbaren Bezug auf die Erfordernisse der Architektur beschränkt, daß es nicht wunder nimmt, daß eine Reihe der führenden Architekten entweder aus anderen Künsten, in erster Linie von der Malerei, zur Architektur kamen oder allen überholten Ballast über Bord warfen, wie es Otto Wagner im Rückblick auf seine Studienzeit bekannte. Daneben blieb der Bildungsweg über die Hochbauklassen der Baugewerbeschulen oder über die Architekturklassen der Kunstgewerbeschulen und schließlich die Möglichkeit, sich als Autodidakt auf den begehrten Beruf vorzubereiten.

Aber, gleichgültig welcher Bildungsweg eingeschlagen wurde oder in Anbetracht sozialer Situation nur eingeschlagen werden konnte, stets standen die zu erringenden künstlerischen Fähigkeiten des Architekten im Mittelpunkt der Diskussionen, die nicht an einer Schule erlernbar seien. Deshalb versuchten alle Reformer, Werkstatt und Hörsaal organischer miteinander zu verbinden. Friedrich Thiersch, Wilhelm Kreis und wenig später

91

Das größte Kunstwerk gibt, wer für die meisten Menschen
ein Maximum an Menschenwürde schafft.
Adolf Behne

auch German Bestelmaier hielten die Ausbildung an Kunstgewerbeschulen für sinnvoller, da sie die theoretische Lehre auf
das praktisch Verwendbare einschränken würden. Henry van de
Velde hatte zwar selbst an seiner Weimarer Kunstgewerbe-

Schema zum Lehrprogramm

		Handwerklehrling	Baulehrling	Kunstlehrling
Lehrling	Lehrstätten	öffentliche oder private „Lehrwerkstatt" eines freigewählten Handwerks		
		„Handwerkschule"	Sämtliche Lehrwerkstätten zum Kennenlernen aller Bauhandwerke „Handwerkschule" mit gewissen Erweiterungen	„Handwerkschule"
		Zutritt zu gewissen Zeichen- und Malklassen freiester Form (event. in der Kunstschule), damit aufstrebender Mut und erwachende Erfindung genährt, falsche Hoffnung rechtzeitig enttäuscht wird		
	Lehrer	Vorwiegend ausübende Handwerkmeister und Gesellen	Vorwiegend ausübende Handwerkmeister und Baumeister	Ausübende Handwerkmeister und Künstler
	Abschluß	Nach der Lehre und 1 Jahr praktischer Werstattarbeit Gesellenprobe vor 3 Meistern und 1 Altgesell	Nach 1 Jahr praktischer Bauarbeit Gesellenprobe in 1 Handwerk und Prüfung in den anderen Handwerken vor 3 Handwerks- und 2 Baumeistern	Nach 1 Jahr praktischer Arbeit Gesellenprobe in 1 Handwerk und leichte Proben in den verwandten Handwerken vor 3 Handwerkmeistern und 2 Künstlern
Geselle		Handwerkgeselle	Baugeselle	Kunstgeselle
	Lehrstätten	Erwerbende Tätigkeit in privater Werkstatt und Baustelle Gewisse Teile der „Bauschule"	Öffentliche oder private Baustelle; Baubüro „Bauschule"	Privat-Atelier eines freigewählten Meisters oder Atelier der „Kunstschule" bei einem Meister mit öffentlichem Lehrauftrag, Baustelle als Gehilfe ausführender Meister
		Zutritt zur „hohen Schule" je nach Neigung und Anlage		
	Lehrer	Private Handwerkmeister, Lehrer an der „Bauschule" vorwiegend ausübende Meister	Private Baumeister, Lehrer an der „Bauschule" vorwiegend ausübende Meister	Private Künstler oder solche mit öffentlichem Lehrauftrag
	Abschluß	Meisterprobe vor dem „Rat der Meister"	Baumeisterprüfung vor dem „Rat der Meister"	Bestimmte Meisterarbeit oder Anerkennung der Leistungen im Ganzen
Meister		Handwerkmeister	Baumeister	Kunstmeister
		haben das öffentliche Recht des Lehrens und der Lehrlingsprüfung sowie das aktive und passive Wahlrecht zum „Rat der Meister", solange sie ausübend tätig sind		
		Der Rat der Meister hat innerhalb seines örtlich begrenzten Bezirkes die Aufsicht über das gesamte Fachlehrwesens, das Recht der Gesellenprüfung, der Verteilung öffentlicher Beihilfen und Stipendien, auch der Zuteilung öffentlicher Aufträge an einzelne Abteilungen der Unterrichtsinstitute, sowie das Wahlrecht zum Fachministerium.		

Otto Bartning, Vorschläge zu einem Lehrplan für Handwerker,
Architekten und bildende Künstler,
in: Deutscher Werkbund, Mitteilungen 1919, Nr. 2, S. 42

schule, die 1907/1908 mit der Ausbildung begann, die Architektur trotz vieler programmatischer Erklärungen nicht einbezogen, sah es aber als unerläßlich an, daß sie mit einem Studium an einer Universität oder Technischen Hochschule verbunden werden müßte.

Auch die Reformvorschläge nach dem ersten Weltkrieg, gleichgültig, ob sie von solch konservativen Architekten wie Theodor Fischer oder progressiven wie Bruno Taut formuliert wurden, stimmten grundsätzlich in der Forderung überein, daß im Mittelpunkt der Architektenausbildung die handwerklich-künstlerische Übung stehen müßte. Die wissenschaftlich-theoretische Ausbildung an den Technischen Hochschulen dagegen sollte, wenn nicht völlig abgeschafft, dann wenigstens den Erfordernissen des Berufs konsequenter angepaßt werden. Die bedeutsamste Konzeption wurde unter der Leitung von Otto Bartning durch eine Arbeitsgruppe des Arbeitsrates für Kunst ausgearbeitet, der auch Walter Gropius angehörte. Den Kern bildeten ein dreistufiges Studium, das vom »Baulehrling« über den »Baugesellen« zum »Baumeister« führen sollte. Die »Hohe Schule« für die Ausbildung der Baumeister müßte grundlegende wissenschaftliche Kenntnisse vermitteln, wie Philosophie und Ethik, Symbolik und Ornamentik, Systemlehre und höhere Mathematik, Optik und Akustik, Geschichte der alten Kunst, Volkswirtschaft, Städtebau und Hygiene.

Walter Gropius hat sich bei der Konzipierung des Programms des Staatlichen Bauhauses in Weimar ganz offensichtlich auf diese Reformvorschläge gestützt und wesentliche Züge verwirklicht, auch wenn es ihm anfangs in Weimar nicht gelang, über sein Privatatelier hinaus eine Architekturausbildung einzurichten. Die Hinwendung des Bauhauses vom Handwerk als Nährboden künstlerischer Ausbildung zur Industrie, sicherlich gefördert durch die Weimarer Vorträge Theo von Doesburgs 1921 bis 1923, zog eine gründlichere Erfassung der Architektur als räumliche, künstlich geschaffene Umwelt des Menschen nach sich, deren Gestaltung aus sozialen, wirtschaftlichen, technischen und

93

hygienischen Grundsätzen zu entwickeln sei. Das Erkennen des Wechselverhältnisses von Gesellschaft und Architekt und von der notwendigen wissenschaftlichen Fundierung seines Schaffens fand im Dessauer Bauhaus, vor allem durch das Wirken des Schweizer Architekten Hannes Meyer als Leiter der Bauabteilung und Nachfolger von Walter Gropius 1927 bis 1930, eine das Neue Bauen fördernde Verwirklichung.

Der Bund Deutscher Architekten verabschiedete 1925 Ausbildungsgrundsätze, in denen er die bisherigen Reformversuche auf einen Nenner zu bringen und die Ansprüche der Privatarchitekten zu akzentuieren suchte. Sie orientierten auf eine Unterstufe mit fachschulmäßiger Lehre und eine Oberstufe mit Meisterklassen von je vier Semestern. Vor dem Studium und zwischen Unter- und Oberstufe solle jeweils ein Praktikum von einem halben bzw. einem Jahr liegen.

Wie weit die von Walter Gropius am Bauhaus verwirklichten Reformkonzepte in die Zukunft wiesen, zeigte sich auf dem vom Royal Institute of British Architects 1924 in London veranstalteten Kongreß über Architektenausbildung, an dem sich die Architekten aller europäischen Länder, ausgenommen Deutschland und die Sowjetunion, beteiligten. Immer noch war die École des Beaux Arts das große Vorbild. In einer Ausstellung von Studentenarbeiten wurden – neben einigen kühl-sachlichen Entwürfen der Königlich Schwedischen Kunstakademie Stockholm – Wolkenkratzer aus den USA mit prächtigen gotischen Portalen, etwas Neo-Biedermeier nach der Art Friedrich Ostendorfs, Otto-Wagner-Epigonen und reichlich italienische Spätrenaissance gezeigt. Von den großen Reformern der Jahrhundertwende war kaum etwas, von den Architekten des Neuen Bauens nichts zu sehen.

Allein dem Brief des damals siebenundsechzigjährigen William Richard Lethaby kommt historische Bedeutung zu. Bauen, schrieb er, sei früher handwerklich und damit intuitiv und unmittelbar gewesen. Jetzt jedoch sei das Bauen in den Städten intellektuell und international und müsse demnach von wis-

94

senschaftlich ausgebildeten Fachleuten geplant werden. Die Ausbildung erfordere die Integration von Wissenschaft und Kunst. Dies stellte eine in die Zukunft weisende Forderung dar, die damals Hannes Meyer durch eine Verstärkung wissenschaftlicher Vorlesungen und die Anwendung wissenschaftlich begründeter Methoden im Entwerfen zu verwirklichen suchte. Sie wurden unmittelbar mit den schon in Weimar erprobten Methoden der systematischen Förderung individueller Kreativität und Beherrschung elementarer Gestaltungsgesetzmäßigkeiten verknüpft. Trotz der historisch kurzen Zeitspanne kunstpädagogischen Wirkens des Bauhauses gingen von ihm wesentliche Impulse für die Architektenausbildung aus.

Eine vollständige Vereinheitlichung der Architektenausbildung konnte nie erreicht werden, stets entschied letztlich nicht das Diplom, sondern die den Ansprüchen des Bauherrn gerecht werdende Leistung. Deshalb kommt dem Architektenwettbewerb in der Geschichte des Architektenberufs von den Anfängen an eine unschätzbare Bedeutung zu. Er hatte stets die Aufgabe, die günstigste Lösung einer Bauaufgabe und den für ihre Verwirklichung geeigneten Architekten aus einer mehr oder

Bauhauslehrer 1926, von links:
Albers, Scheper, Muche, Moholy-Nagy,
Bayer, Schmidt, Gropius, Breuer, Kandinsky,
Klee, Feininger, Stölzl, Schlemmer
(Hochschule für Architektur und Bauwesen Weimar)

weniger großen Schar von Bewerbern zu finden. Gepflegt wurde er von den Baukommissionen der griechischen Städte ebenso wie über 1500 Jahre später von denen der italienischen Stadtrepubliken. Erst in den Auslassungen Filaretes und Albertis spielt er kaum noch eine Rolle. Hier stand das enge Vertrauensverhältnis des Bauherrn zu seinem Architekten im Vordergrund.

Mit der Unterrichtung von Schülern an den Architekturakademien, der Académie de l'Architecture und der später eingerichteten Architekturklasse an der École des Beaux Arts ebenso wie an der 1768 gegründeten Royal Accademy School in London, wurden Wettbewerbe zum bevorzugten Mittel der Leistungsbewertung und Begabtenauslese. Die Preise bestanden in der Zulassung zum nächst höheren Kurs und in Reisestipendien.

Die Geschichte der Architekturwettbewerbe wird durch eine Reihe von Skandalen belastet. Nach Abschluß des Wettbewerbs verschaffte sich der vielseitig begabte und geschäftstüchtige Joseph Paxton durch Beziehungen zur Ausstellungskommission und durch geschickte Veröffentlichung seiner Idee in einer Zeitung den Auftrag, den Ausstellungspalast für die Londoner Weltausstellung 1851 im Hydepark zu bauen. Im Wettbewerb um den Völkerbundpalast 1927 verstand es die konservative Mehrheit der Jury, den ursprünglich für den ersten Preis vorgesehenen Vorschlag Le Corbusiers aus formalen Gründen zu Fall zu bringen – er hatte statt der geforderten Originalzeichnungen Lichtpausen eingereicht – und den beiden ganz im üblichen Historismus befangenen französischen Architekten Nénot und Flegenheimer den Auftrag zuzuschieben.

Die Empörung unter den fortschrittlichen Architekten Europas führte damals zur Gründung der Congrés Internationaux d'Architecture Moderne auf Schloß La Sarraz in der Schweiz.

Bis in die Gegenwart hinein konzentriert sich die Kritik an den Architekturwettbewerben auf die oft unvertretbar große Diskrepanz zwischen Erfolgswahrscheinlichkeit und dem Aufwand der Teilnehmer an Arbeitskraft, Zeit und Material, auf die Gefahr subjektiver Entscheidungen einer Jury und nicht zuletzt auf die Praxis, nicht den Preisträgern den Auftrag zu erteilen, sondern durch die Planungsstäbe der »Auslober« einen Ideenmix herstellen zu lassen. Dennoch hat sich gerade in den letzten 150 Jahren erwiesen, daß Architektur- und Städtebauwettbewerbe in allen möglichen Varianten und Abstufungen die bewährteste und am ehesten Erfolg versprechende Methode sind, um nicht nur die günstigste Lösung einer Bauaufgabe und den geeignetsten Architekten zu finden, sondern um den für Städtebau und Architektur so erforderlichen Innovationsprozeß und ebenso die künstlerische Profilierung des Architektennachwuchses zu fördern.

Die Berufsverbände entwickelten sich im Laufe des 19. Jahrhunderts zum wichtigsten Mittel, die öffentlichen Ansprüche an Kompetenz und Integrität der Architekten zu verwirklichen, weil sie:

– die Mitgliedschaft von einem Befähigungsnachweis und von der Einhaltung berufsethischer Grundsätze abhängig machten,
– die Ausbildung beeinflußten und einen öffentlich anerkannten Studienabschluß forderten,
– die Weiterbildung ihrer Mitglieder förderten und ihnen vor allem durch die Herausgabe von Zeitschriften, durch Exkursionen und Vortragsveranstaltungen einen breiten Rahmen für den Erfahrungsaustausch anboten,
– das Zusammengehörigkeitsgefühl auch durch die Förderung der Geselligkeit zu festigen suchten.

Friedrich Gilly und Heinrich Gentz waren die Wortführer eines kleinen Kreises junger Architekten, die 1799 unter väterlicher Anleitung David Gillys begonnen hatten, in Wettbewerben zu selbstgestellten Aufgaben ihre Kräfte zu messen. Am 5. Juni 1824 gründeten Berliner Architekten, Absolventen der Bauakademie, unter ihnen August Stüler und Eduard Knoblauch, den Berliner Architektenverein, der mit erstaunlicher Intensität die Ausbildung an der Bauakademie in künstlerischer und wissenschaftlicher Hinsicht weiterzuführen suchte. Karl Friedrich Schinkel

97

Große Dinge sind heute dem Architekten anvertraut;
aber er ist kleiner als seine Aufgaben.
Karl Scheffler

trat 1827 dem Verein bei. Jeder mußte sich wenigstens einmal im Jahr an den monatlichen Konkurrenzen beteiligen. Schrittweise wurden Übungen im baulichen Entwerfen, Maschinenbau, Figuren- und Landschaftszeichnen, aber auch in Mathematik, eingeführt. Das anfangs herausgegebene, recht bescheidene »Notizblatt« mit Informationen für die Mitglieder entwickelte sich seit 1851 unter dem Titel »Zeitschrift für Bauwesen« zu einer der führenden deutschen Bauzeitschriften. Die Geschichte des Berliner Architektenvereins kennzeichnet eindrucksvoll Entwicklung und Wandel des Architektenberufs im 19. Jahrhundert. Als Verein der preußischen Baubeamten erwies er sich schließlich jedoch als unfähig, die spezifischen Interessen der freischaffenden Architekten zu vertreten, die sich vor allem seit den siebziger Jahren als eine besondere, den neuen Bedingungen und Ansprüchen des Baumarktes entsprechende Berufsgruppe etabliert hatten. Sie zogen aus dem Verein aus und gründeten 1879 die Vereinigung zur Vertretung baukünstlerischer Interessen. Zu ihrem Vorsitzenden wählten sie den Schöpfer des Berliner Doms, Julius Raschdorff.

In der Mitgliedschaft des 1834 gegründeten Royal Institute of British Architects, aus der drei Jahre vorher entstandenen Architectural Society hervorgegangen, setzten sich einerseits mit der Gruppe der »Honorary Members« die Traditionen des Patronats fort, andererseits aber trug man durch die Unterscheidung von »Fellows« und »Associates« Tendenzen zu sozialer Differenzierung Rechnung. Wenig später organisierten sich die Techniker und Schüler der »Principals« in der Architectural Association, die sich rasch zu einer unabhängigen, die Aus- und Weiterbildung dominierenden Organisation entwickelte. In den vierziger und fünfziger Jahren folgten die Gründung der Société centrale des Architectes in Frankreich und des American Institute of Architects in den USA.

Nach der Jahrhundertmitte hatten sich die Architektenverbände als Kampfbünde zur Sicherung der Aufträge für ihre Mitglieder profiliert. Ihr Ziel bestand vor allem in der Erringung des Monopols für die Vorlage der Baupläne zur Genehmigung durch die Baubehörden. Während am Anfang des Jahrhunderts die tonangebenden Architekten ausschließlich Beamte waren, sprach man jetzt den Beamten, von geringen Ausnahmen abgesehen, die Möglichkeit und die Fähigkeit zu künstlerischer Gestaltung ihrer Bauten ab. Inzwischen sah die überwiegende Mehrheit nicht mehr in der Beamtenlaufbahn, sondern im Privatbüro das erstrebenswerte Ziel. Statt der früher allein möglichen Prüfungen vor staatlichen Ausschüssen erhielten jetzt die Hochschulen das Recht, Diplomexamen abzunehmen.

Die mit diesem Richtungswandel verbundene Ausbildungsreform und die dringlich gewordenen Maßnahmen zum Schutz des Berufs und die Vertretung der Interessen der Büroinhaber gegenüber dem Staat, den Bauherren und der Bauindustrie bildeten den Wirkungsbereich des am 21. Januar 1903 gegründeten Bundes Deutscher Architekten, der sich am Anfang vor allem auf die Architektenvereine von Köln und Hannover stützen konnte. Der Berliner Verein trat erst 1916 bei. Nach Beschluß der Satzung, der Geschäfts- und Ehrenordnung, erfolgte 1907 die Eintragung ins Vereinsregister und 1908 die Wahl Martin Dülfers zum Präsidenten. Schon ein Jahr später berieten die Delegierten der Landesverbände auf dem Bundestag in Bremen einen ersten Entwurf des Reichsgesetzes über Architektenkammern, durch die praktisch der Schutz der Berufsbezeichnung »Architekt« gesichert werden sollte.

Im Grunde genommen widersprechen Berufskammern als Zwangsorganisationen den Grundsätzen des bürgerlichen Liberalismus. Die freischaffenden Architekten versprachen sich jedoch auf diese Weise eine wirksame Sicherung vor der Konkurrenz der Baubeamten und -unternehmer. Deshalb dürften ihnen auch nach den bösen Erfahrungen in der Weltwirtschaftskrise von 1929/30, in der der größte Teil der Architekten ohne Auftrag war, die reaktionären ständischen Bestrebungen der NSDAP so verlockend erschienen sein. Sehr bald folgte jedoch das böse Erwachen: Nachdem mit der Anordnung über den Schutz des

Reif und fähig als Architekt kann er nur in dem Maße werden, wie die allgemeine soziale Lebensform reif und selbstbewußt wird.
Karl Scheffler

Berufs und der Berufsausübung der Architekten vom 1. Oktober 1934 die Eingliederung in die Reichskammer der Bildenden Künste vollzogen war, betrieben die Bauunternehmer die Aufhebung des vermeintlich so gesicherten Planvorlagemonopols der Architekten.

Eine durchgreifende Berufsordnung mit dem Schutz der Berufsbezeichnung blieb, unabhängig davon, ob dies starke Berufsverbände oder Architektenkammern anstrebten, stets nur ein Wunschbild, wenn Architekturleistungen – in der Regel kombiniert mit anderen Leistungen – von Ingenieurbüros, Generalunternehmern, Bauunternehmungen, Bauabteilungen der Industrie oder des Staates übernommen wurden. Es zeigte sich immer deutlicher, daß das Bemühen der Architektenverbände, die äußerst komplexen Ansprüche an Architektur allein auf ihre Mitglieder zu beziehen, nur dazu führte, dem Architekten für alles Unbefriedigende in Städtebau und Architektur die Schuld zu geben.

Im Zusammenhang mit der Erneuerungsbewegung in der Architektur seit dem Ende des vorigen Jahrhunderts entstanden über die traditionellen Berufsverbände hinaus Vereinigungen mit vorrangig künstlerischen Zielstellungen. Die bedeutendste von ihnen war der Deutsche Werkbund. Zwölf bekannte Künstler, unter ihnen die Architekten Peter Behrens, Theodor Fischer, Josef Hoffmann, Wilhelm Kreis, Joseph Olbrich, Bruno Paul, Richard Riemerschmid, Paul Schultze-Naumburg und Fritz Schumacher, verbanden sich 1907 mit zwölf Firmen, wie den Deutschen Werkstätten für Handwerkskunst Dresden, dem Eugen Diederichs Verlag in Jena, Kunstdruckereien, Werkstätten für Innengestaltung und Webereien. Der Deutsche Werkbund, bald ergänzt durch ähnliche Vereinigungen in Österreich und in der Schweiz, blieb eine Eliteorganisation, die zwar nicht unmittelbar berufsständische Interessen vertrat, jedoch durch ihre Orientierung auf die Gestaltung der Umwelt und die Propagierung einer hohen Geschmackskultur wesentlich zur Festigung des öffentlichen Ansehens des Architektenberufs beigetragen hat. Höhepunkt in diesem Wirken bildeten die weltweit Aufsehen erregenden Ausstellungen, an denen sich stets die führenden deutschen Künstler beteiligten, in Köln 1914, Berlin 1924 und 1931, Stuttgart-Weißenhof 1927, Breslau 1929.

Bis in die Zeit des Wiederaufbaus der zerstörten Städte nach dem zweiten Weltkrieg wirkten die Programme der Congrés Internationaux d'Architecture Moderne (CIAM). Auf Anregung von Hélène de Mandrot trafen sich im Juni 1928 auf ihrem Schloß La Sarraz im Schweizer Kanton Waadt fortschrittliche Architekten aus der Schweiz, Frankreich, Deutschland, den Niederlanden, Spanien und Italien. Von hier ging eine fruchtbare Zusammenarbeit der Verfechter des Neuen Bauens in Europa aus, an der sich von deutscher Seite Ernst May und Hugo Häring, später Walter Gropius und Marcel Breuer beteiligten. Ihr Ziel war die Befreiung der Architektur aus den Fesseln des Aka-

101

CIAM: In der Mitte: Hélène de Mandrot, links neben ihr Le Corbusier, weitere Gründungsmitglieder: H. Häring, E. May, Hans Schmidt, Mart Stam und S. Giedion, (ETH Zürich, Institut für Geschichte und Theorie der Architektur)

demismus und die Verbreitung der Ideen der modernen Architektur in allen wirtschaftlichen, sozialen und technischen Bereichen des Lebens. Die dann folgenden Kongresse, CIAM II (1929) in Frankfurt am Main über die Wohnung für das Existenzminimum, CIAM III (1930) in Brüssel über rationelle Bebauungsweisen, CIAM IV (1933) an Bord des Motorschiffes Patria, das zwischen Marseille und Athen kreuzte, und als dessen Ergebnis die Charta von Athen, das Bekenntnis zur funktionellen Stadt, veröffentlicht wurde, haben über Jahrzehnte hinaus wesentliche Impulse für die Stadtplanung in der Welt vermittelt. Nach 1945 wurden die Kongresse fortgesetzt, bis sie sich schließlich wegen der ihnen eigenen Tendenz zu einem neuen Akademismus in der sich abzeichnenden Krise der Modernen Architektur nach der Phase des Wiederaufbaus als unproduktiv erwiesen.

Die entsetzlichen Erfahrungen des zweiten Weltkrieges gaben den Architekten in aller Welt neue Impulse, an der Lösung des Widerspruchs zwischen ihrer unmittelbaren Verantwortung gegenüber dem Bauherrn und der Gesellschaft durch internationalen Erfahrungsaustausch und gemeinsame Aktionen für die Gestaltung einer friedlichen Welt mitzuwirken. Die Initiative zur Gründung eines internationalen Architektenverbandes, der Union Internationale des Architectes, ergriffen der Pariser Architekt Pierre Vago und der Chef der Londoner Stadtplanung Patrick Abercrombie. Die Gründung erfolgte nach umfangreichen Vorbereitungen 1948 in Lausanne.

Die in der Regel alle drei Jahre stattfindenden Kongresse, die Aktivitäten der einzelnen Arbeitsgruppen und der in Weltregionen zusammengefaßten etwa 100 Landesverbände bilden den wirkungsvollen Rahmen für die internationale Kommunikation der Architekten, in deren Mittelpunkt Bemühungen um die Erhaltung des Friedens und der gesellschaftliche Auftrag der Architekten zur Gestaltung einer menschenwürdigen Umwelt für alle Menschen steht.

Epilog

Aus den vielfältigen und tiefgreifenden Veränderungen in Produktion, Lebensweise und Kultur seit den sechziger Jahren, die nur unvollkommen durch das Schlagwort von der wissenschaftlich-technischen Revolution erfaßt werden, haben sich neue Ansprüche und Arbeitsbedingungen für den Architekten ergeben, hinter denen im wesentlichen ein dreifacher Widerspruch steht:

— der Widerspruch zwischen der Rationalität der Planung und Projektierung und dem Streben der Architekten nach individueller künstlerischer Qualität des Bauwerkes,
— der Widerspruch zwischen der Vergesellschaftung des Prozesses baulicher Umweltgestaltung, verknüpft mit weiterführender Arbeitsteilung und dementsprechender beruflicher Spezialisierung, und dem Anspruch der Architekten auf künstlerischen Universalismus,
— der Widerspruch zwischen den verschiedenen Teilzielen der in Planung und Projektierung zusammenwirkenden Berufe, die vom Architekten in einem ganzheitlichen künstlerischen Ergebnis zur Synthese gebracht werden müssen.

Im Bemühen um die Auflösung dieses Widerspruchsfeldes müßte sich der Architekt im Sinne baumeisterlicher Traditionen als Organisator und Koordinator der industriellen Produktion von Bauwerken unter Beibehaltung des Entwerfens als konstituierender Mitte seiner Berufstätigkeit profilieren und sein Wirkungsfeld auf die baulich-räumliche Gestaltung der gesamten Stadt und auf die Erarbeitung neuer Konzeptionen, sei es in den kommunalen Verwaltungen, in Forschungsinstituten oder in der Industrie, ausdehnen.

Die für die Berufstätigkeit des Architekten charakteristische Verknüpfung von künstlerischer Intuition und rationalen Methoden bleibt grundsätzlich erhalten, wenn auch die eine oder andere Komponente in der Arbeit des einzelnen unterschiedlich ausgeprägt sein kann. Die Gefahr, durch Scheinlösungen im Be-

Die Architektur ist die Fortsetzung der Natur
in ihrer constructiven Thätigkeit.
Diese Thätigkeit geht durch das Naturprodukt Mensch.
Karl Friedrich Schinkel

reich sinnlicher Wahrnehmung soziale Widersprüche zu überdecken oder durch »styling« aus technologisch-ökonomischen Zwängen entstandene Kästen zu verschönern, ist weniger eine Folge theoretischer Positionen und organisatorischer Strukturen, sondern zuerst Ausdruck unzureichender künstlerischer und moralischer Kraft des Architekten.

In den letzten zwei Jahrzehnten sind im wesentlichen zwei Argumente für den Architekten als Künstler in die Diskussion geworfen worden: Rationale Methoden sind zwar notwendig und hilfreich, führen jedoch nicht zu einer menschliche Werte vermittelnden Architektur. Die Beziehungen der Menschen zu ihrem baulich gestalteten Lebensraum sind nicht allein von dessen Funktionalität abhängig. Sie werden vielmehr durch Emotionen bestimmt. Architektur vermittelt Welt- und Lebensgefühl. Der Architekt muß seine künstlerische Identität wahren, wenn er sich nicht selbst in Frage stellen will. Er ist gar nicht in der Lage, als Wissenschaftler oder Ingenieur zu arbeiten, sollte aber fähig sein, beide in sein Werk einzubeziehen.

Gleichgültig, ob er mehr nach rationaler Näherung strebt oder sein individuelles Künstlertum betont, stets bleibt der Architekt an ein konkretes gesellschaftliches Bezugssystem mit seinen sozialen Zielen, wirtschaftlichen Möglichkeiten und kulturellen Wertmustern gebunden.

So sahen sie sich selbst
Zeugnisse und Gedanken von Architekten
und ihren Bauherren

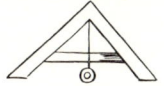

Altertum

Die ersten Architekten

Ineni, um 1500 v. u. Z.   Ich beaufsichtigte die großen Monumente, die er baute. ... Ich beaufsichtigte die Errichtung von zwei Obelisken. ... und baute das majestätische Boot, 120 Ellen lang [etwa 63 Meter] und 40 Ellen breit [etwa 21 Meter], zum Transport dieser Obelisken. ... Ich beaufsichtigte die Aushöhlung des Felsengrabes seiner Majestät. ... Ich war mit einer Arbeit beauftragt, welche die Vorfahren nicht getan hatten. ... Wirksam wahrte ich Frieden und erlitt kein Unglück; meine Jahre waren voller Freude. Ich war weder ein Verräter noch ein Angeber und tat auf keinen Fall etwas Schlechtes. Ich war Aufseher der Aufseher und hatte keinen Mißerfolg. ... Ich zauderte nie, sondern gehorchte stets den Befehlen der Vorgesetzten ... und niemals lästerte ich über heilige Dinge. /1/

Senmut, um 1500 v. u. Z.   Ich war ein Edelmann, dem man gehorchte; mehr noch, ich hatte Zugang zu allen Schriften der Propheten; es gab nichts, was ich nicht wußte, von dem, was sich seit Anfang ereignet hatte. /2/

Ich war der Größte der Großen im ganzen Land; einer der allein im Geheimen Rat Audienz hatte. ... Ich war Aufseher der Aufseher; den Großen übergeordnet. ... Ich war einer, dem die Angelegenheiten Ägyptens berichtet wurden. ... die Arbeit in allen Ländern stand unter meinem Befehl. /3/

Amenhotep, Sohn des Hapu, nach 1400 v. u. Z.   Mein Meister hat mich zum Aufseher über alle Arbeiten ernannt; ich habe den

Namen des Königs für die Ewigkeit bewahrt, ich habe nicht nachgeahmt, was andere schon gemacht haben, ich habe für ihn einen Berg aus Quarzfelsen geschaffen ... wie niemand ihn gemacht hat, seit die Ordnung der Welt geschaffen wurde. /4/

Der Architekt und das Gesetz

Hammurapi von Babylon, 1792–1750 v. u. Z. Wenn der Baumeister für den Mann / ein Haus baute / und sein Werk / nicht stark gemacht hat, / so daß das Haus, das er gebaut hat, einstürzt / und den Herrn des Hauses / tötet, soll dieser Baumeister sterben. /5/

Griechische Bauinschrift, um 435 v. u. Z. Was den Eingang betrifft, ist beschlossen, daß die Volksversammlung wählen soll, ob er aus Bronze oder aus Ebenholz und Gold gemacht werden soll. Und welche Alternative durch die Volksversammlung gebilligt wird, es soll die sein, die der Gottheit angenehm ist und dem Volk der Athener. Und es ist beschlossen, daß derjenige, der in der Lage ist, binnen zehn Tagen eine Zeichnung [oder: Modell?] zu machen, wann auch immer den Auftrag erhalten kann. Seine Darstellung muß mindestens eine Elle groß sein. Die Bewerber sollen ihre Darstellungen anfertigen, nachdem die Bauaufseher benachrichtigt sind. Aber der Rat soll keine Darstellung anerkennen, wenn sie nicht von denen beurteilt wurde, die von den Athenern und ihren Verbündeten ... Laßt den, der den Zuschlag erhalten hat, die Arbeit beginnen und so gut wie möglich ausführen. Über seinen Preis soll der neue Rat zusammen mit den Bauaufsehern und dem Architekten einen Gesetzentwurf in der Volksversammlung einbringen. /6/

Bauordnung der Stadt Ephesos. Wenn nämlich ein Architekt die Bauleitung für einen öffentlichen Bau übernimmt, gibt er eine Erklärung darüber ab, wieviel der Bau kosten wird. Nachdem der Kostenanschlag der Behörde übergeben ist, wird sein Vermögen verpfändet, bis das Bauwerk fertig ist. Ist es aber fertig und die Baukosten haben dem Voranschlag entsprochen, dann wird der Architekt durch einen ehrenvollen Erlaß geehrt.

Ferner wird, wenn nicht mehr als ein Viertel zum Baukostenanschlag hinzugelegt werden muß, dieses Viertel aus Staatsmitteln gedeckt, und der Architekt wird nicht mit einer Geldbuße bestraft. Wird aber bei der Bauausführung über ein Viertel mehr verbraucht, [als veranschlagt war] dann wird zur Vollendung des Baues der Betrag aus dem Vermögen des Architekten beigetrieben. /7/

Senmut, Ägypten, 18. Dynastie, um 1500 v. u. Z.,
Hockerstatue mit Prinzessin Nefrure
(Staatliche Museen zu Berlin, Ägyptisches Museum)

Architecti imperii romani

Marcus Valerius Martial, 1. Jahrhundert u. Z. Laß Deinen Sohn sich nicht mit Grammatik, Rhetorik oder Dichtkunst beschäftigen. Wenn Du willst, daß er Geld verdient, laß ihn Harfen- oder Flötenspieler werden; wenn er aber nicht so begrenzt ist, mach ihn zu einem Auktionator oder Architekten. /8/

Vitruvius, um 33–22 v. u. Z. Wie nämlich auf allen Gebieten, so gibt es ganz besonders auch in der Baukunst folgende zwei Dinge: was angedeutet wird und was andeutet. Angedeutet wird der beabsichtigte Gegenstand [das Ziel], von dem man spricht. Diesen aber deutet an die mit wissenschaftlichen Methoden entwickelte Darstellung. Deshalb muß der, der sich als Architekt ausgeben will, in beiden geübt sein und fähig und bereit zu wissenschaftlich-theoretischer Schulung. Denn weder kann Begabung ohne Schulung noch Schulung ohne Begabung einen vollendeten Meister hervorbringen. …

Die Philosophie aber bringt den vollendeten Architekten mit hoher Gesinnung hervor und läßt ihn nicht anmaßend, sondern eher umgänglich, billig denkend und zuverlässig, und, was das Wichtigste ist, ohne Habgier sein. Kein Werk kann nämlich in der Tat ohne Zuverlässigkeit und Lauterkeit der Gesinnung geschaffen werden. Er soll nicht begehrlich und dauernd darauf aus sein, Geschenke zu bekommen, sondern er soll mit charakterlichem Ernst dadurch seine Würde wahren, daß er in gutem Ruf steht. …

Da also diese Wissenschaft so umfassend ist, weil sie mit verschiedenen wissenschaftlichen Kenntnissen in großer Zahl ausgestattet ist und ein Übermaß davon in sich vereinigt, glaube ich, daß niemand sich mit Fug und Recht ohne lange Ausbildung Architekt nennen kann, sondern nur die, die von frühester Jugend an dadurch, daß sie auf dieser Stufenleiter der Wissenschaft emporgestiegen sind, durch die Kenntnisse sehr vieler Wissenschaften und Künste gefördert schließlich zur höchsten Stufe, der Architektur, gelangt sind. Aber vielleicht wird es Leuten, die nicht wissenschaftlich gebildet sind, wunderbar erscheinen, daß ein Mensch eine so große Zahl wissenschaftlicher Lehren in sich aufnehmen und im Gedächtnis festhalten kann. Wenn sie aber bemerkt haben, daß alle Wissenschaftszweige unter sich sachlich miteinander in Verbindung stehen und etwas Gemeinsames haben, werden sie leicht glauben, daß es doch möglich ist. ...

Die übrigen Architekten bitten und umwerben [die Bauherren], um Bauaufträge zu bekommen. Mich aber haben meine Lehrer gelehrt: man müsse Bauaufträge übernehmen, nachdem man darum gebeten ist, nicht, nachdem man darum gebeten hat, weil ein edles Gesicht aus Scham seine Farbe ändert [errötet], wenn es um etwas bittet, das Argwohn erregt. /9/

Kaiser Trajan, 98–117 Architekten dürften Dir nicht fehlen. Es gibt keine Provinz, die nicht erfahrene und talentierte Leute hätte. Glaube nicht, daß es schneller ginge, sie von Rom zu schicken, weil sie obendrein gewöhnlich aus Griechenland zu uns kommen. /10/

Aulus Gellius, nach 150 Ich erinnere mich noch gut an die Visite, die ich einmal zusammen mit Julius Celsinus, einem Numidier, dem Cornelius Fronto abstattete, als diesen gerade ein schweres Fußleiden plagte. Man ließ uns vor, und wir trafen ihn auf einem griechischen Ruhebett liegend an, in der Gesellschaft von Wissenschaftlern, Adligen und Hochbegüterten. Mehrere der zum Bau neuer Badeanlagen angestellten Architekten waren anwesend und zeigten Pergamentmappen mit verschiedenen Entwürfen von Badeanlagen herum. Als sich der Bauherr endlich für eine Form und Ausführung entschieden hatte, fragte er nach den zu erwartenden Kosten der gesamten Anlage. Auf die Auskunft des Architekten, daß etwa dreihunderttausend Sesterzien aufgebracht werden müßten, bemerkte einer von Frontos Freunden: »Und so ebenhin noch weitere fünfzigtausend!« /11/

Kaiser Justinian, nach 500 Es ist nicht erlaubt, den Namen irgendeiner Person an einem Bauwerk anzubringen, ausgenommen den des Kaisers oder der Person, auf deren Kosten das Bauwerk errichtet wurde. /12/

Die großen Lustempfindungen
stammen von der Betrachtung der schönen Werke.
Demokrit (Stobaios)

König Theoderich, nach 500 Wir freuen uns, wenn wir die Größe unseres Königtums in der Herrlichkeit unseres Palastes verbildlicht sehen. ...

Und so wirst Du etwas Gutes leisten können, wenn du häufig Euklid liest, wenn Du seine bewundernswerten Darstellungen in Deine Betrachtungen einbeziehst. ... Wenn wir irgendwo eine Stadt wiederaufbauen, eine Festung gründen oder wenn uns die günstige Lage eines Hauptquartiers zum Bauen reizt, dann wird Dir verdeutlicht werden, was wir uns vorgestellt haben. Das schöne und ruhmreiche Amt des Aufsehers, mit dem Du beauftragt bist, soll sich für lange Zeit auswirken, damit Dich die dankbare Nachwelt loben wird. Was auch immer der Maurer, der Marmorbildhauer, der Erzgießer, der Stukkateur oder der Mosaikbearbeiter nicht weiß, Dich fragt er klugerweise, auf Dein Urteil beruft er sich. ... Siehe also, wieviel derjenige wissen muß, damit er so viele anleiten kann. Wenn Du sie richtig instruiert hast, erntest Du sicherlich reiche Früchte Deiner guten Anweisungen, da Du für die Arbeit jener gelobt wirst. ... Bedenke auch, welches Ansehen Du genießt, wenn man sieht, wie Du, geschmückt mit einem goldenen Stab, im zahlreichen Gefolge als erster vor dem König daherschreitest, weil wir so anerkennen, Dir die Sorge um den Palast anvertraut zu haben. /13/

Mittelalter

Antike Traditionen

Isidor von Sevilla, gest. 636 Die Griechen behaupten, daß Daedalus der Erfinder des Bauens von Wänden und Dächern sei. Er wiederum soll das Bauen von Minerva gelernt haben. Die Handwerker oder Künstler aber nannten die Griechen τεκτονασ, d. h. Baumeister. Die Architekten aber sind die Maurer, die die Fundamente einteilen. /14/

Jean de Balbi aus Genua, 7. Jahrhundert Architekt [architector] kommt von Oberster und von gedeckt. Er stellt Dächer her [qui facit tecta]. /15/

Einhard, Vertrauter Karls des Großen, gest. 840 Ich habe Dir also Worte und unklare Begriffe aus den Büchern des Vitruv gesandt, die sich auf Gegenwärtiges beziehen könnten, damit Du deren Bedeutung erforschst und ich glaube, daß deren größter Teil Dir in einem kleinen Kästchen demonstriert werden kann, den unser Hausgenosse Eigil mit elfenbeinernen Säulen nach dem Beispiel der Alten hergestellt hat. /16/

Steigende Nachfrage – wachsende Ehren

Arnaud de Perexem, Bischof von Urgel, Arbeitsvertrag mit Raimund, dem Lambarden, 1175 Ich, A., durch Gottes Gnaden Bischof von Urgel, auf den Ratschlag und mit dem gemeinsamen Willen aller Domherren der Kirche von Urgel, übergebe dir, Raimund dem Lambarden, den Bau der heiligen Maria mit allen beweglichen und unbeweglichen Sachen, als da sind Landhäuser, Besitzungen, Weinberge, Steuern und mit allen Darbringungen wegen Schädigung des Nächsten und der Büßenden und mit den Almosen der Gläubigen, mit den Geldern der Geistlichen, wie auch mit allen jenen, welche bisher oder fürderhin auf irgendwelchen Rechtsanspruch hin bestimmt waren oder bestimmt sind für den vorbenannten Bau der heiligen Maria. Und ferner geben wir dir für dein ganzes Leben lang den Unterhalt der Domherren, und zwar unter der Bedingung, daß du getreu und ohne jeden Betrug schließest und uns fertig stellst die gesamte Kirche und ausführest die Türme, bzw. Glockentürme, einen Faden über alle Gewölbe hoch, und daß du auch die Laterne gut machest und geziemend mit allem ihrem Zubehör. Und ich, R. Lambardus, verspreche Gott dem Herrn und der heiligen Maria und dem Herrn Bischof und allen Geistlichen der Kirche zu Urgel, welche irgendwie dabei sind, daß ich dies alles, wie es vorher geschrieben steht, das Leben vorausgesetzt, vollenden werde von diesem Osterfeste an, wie es im Jahre der Fleischwerdung des Herrn 1175 gefeiert wird, getreu innerhalb 7 Jahren und ohne jeden Betrug; ebenso, daß ich in jedem Jahre habe und halte für den Dienst der heiligen Maria mich als fünften von den Lambarden, das

111

Unter den Künsten stehen die der Weisheit näher, die nach den höheren, übersinnlichen Ursachen suchen, wie die Kunst der Architektur der Weisheit ähnlicher ist als die übliche.
Albertus Magnus

sind vier Lambarden und mich, und ohne Unterbrechung im Winter und im Sommer. Und wenn ich mit jenen fertig werden kann, möge ich es tun, und kann ich nicht fertig werden, so muß ich soviel Cementarii hinzunehmen, daß der oben genannte Bau zur vorbezeichneten Frist fertig werde. Nach 7 Jahren aber, wenn ich den schon benannten Bau durch die Hilfe der göttlichen Barmherzigkeit fertiggestellt habe, bekomme ich, solange ich lebe, meinen freien und ruhigen Unterhalt; und für die Einkünfte und das Vermögen des Baues habe ich gemäß dem Willen und dem Auftrag des Kapitels auch ferner zu sorgen. Weiterhin verbieten wir, sowohl der Bischof sowie die Kanonici, dir Raymund, dem Lambarden, durchaus, daß du durch dich oder durch eine untergebene Person veräußerst oder verpfändest bei irgendeiner Gelegenheit etwas von dem Vermögen des Baues, was er irgendwie hat oder irgendwie haben wird. Mit deinen Einkünften, die du unter deinem Namen erworben hast, und mit deiner Habe mache im Leben und im Tode, was dir nach jenen 7 Jahren beliebt. Wenn vielleicht, was fern sei, so große Unfruchtbarkeit der Erde einträte, daß wir dich zu sehr belastet sähen, so stehe es uns frei, der vorbezeichneten Frist nach unserem Ermessen hinzuzusetzen, damit du nicht den Vorwurf der Meineidigkeit dir zuziehest. /17/

Aus einem englischen Briefsteller, 1178–1187 Es würde kein prächtiges Bauwerk geben, wenn sein Architekt unwürdig ist. In der Burg, die ich begonnen habe, benötige ich einen Turm [von solcher Festigkeit], daß der Unschuldige sich nicht fürchten muß, wenn ich oder meine Erben bedroht werden. Ich war erfreut zu hören, daß Du in Deinem Kloster Erbauer [positores] ausgezeichneter Bauwerke hast, und ich vertraue Deinem Wohlwollen, zuzulassen, daß einer von ihnen zu mir kommt, damit seine Kunstfertigkeit dem Turm, den ich haben will, Festigkeit sichert. Ich bitte Dich, mir einen Mann zu schicken, von dem Du weißt, daß er aus der gemeinen Menge herausragt. /18/

Gesta Abbatum, englischer Chronist des 13. Jahrhunderts Allerdings
sind alle diese Dinge nur durch die Mühe des Richard von Thi-

genhangaer zustande gekommen, doch muß man sie – der Ehrfurcht halber – dem Abt selbst zuschreiben. /19/

Nikolaus de Biard [Béarn], 1261 Die Baumeister, den Stab und die Handschuhe in den Händen, sagen zu den anderen: Da schneide es mir durch! und arbeiten nichts. Und dennoch erhalten sie einen größeren Lohn. So tun es viele heutige Prälaten. /20/

›*bryff‹ [Baumeistervertrag] von 1423* Wir Ludwig pfaltzgrave by Rine ..., bekennen ... das wir Hans Marx den steynmetzen zu unsern und unser erben, pfaltzgraven bij Rine werckmeister entphangen und uffgenommmen hann, also das er des buwes und werckes unseres stiftes zum heiligen geiste zu Heidelberg und ander unser buwe und wercke, wo wir di dann haben oder gewynnen, allezyt getrülichen warten sal. Und wir und die vorgeschrieben erben sollen und wollen yme darumb eyns iglichen jares geben zehen gulden vor sinen husszins, item zehen malter korns zwüschen zweyen unser frawen tage assumpcionis und nativitatis und unser hofkleyder glich anderm unserm hofgesinde sinen glichen ungeverlich, und darzu sal man yme auch alle tage, so er auch erbet, sinen gewonlichen lone geben, mit namen dritthalb schilling pfennige für koste und lone, als man yme die dann auch vormals byssher geben hat, auch was altes Holczes an dem buwe überblibet, es sey von gewölbeholz oder röstholz, das sal auch yme verbliben und sin sy ungeverlich. Urkund disses bryffes etc. Heidelberg ser. II. post bb. Viti et Modesti ao. 1423. /21/

Die Hüttenmeister

Moritz Ensinger, 1465 Ich han versprochen und verhaissen ... Das ich von ulme der Statt dehains wegs nicht rytten wandern noch komen soll noch will dann mit der obgenannten miner Herren von Ulme und unser lieben frowen pfleger gutten willen und erlauben ... das mich in den vorgemelten zehen jauren dehains andern wercks denn der obgenannten unser lieben frowen Pfarrkirchen weder innerhalb noch usserhalb der Statt Ulme nicht verfahren noch underwinnden soll noch will. /22/

113

Pecunia, patientia et prudentia seind die drei Elementa,
mit welchen man bauen muß.
Abt Ruppert II. von Ottobeuren

Steinmetzordnung von 1459 Art. 4. Item: wer es auch: dass ein Werkmann, der ein Redelich Werk Inne hat, von Tod abgienge; so mag ein jeglich Werkmann oder ein Meister, der sich dan Steinwercks verstott und dem Werk gnüg und datzu Dauwelich ist, noch einem solich Werk und Beue Inhends hant und verwaltend, wieder versorget werdent noch des Steinwercks Notdurft. Desgleichen mag ein jeglicher Geselle auch tun, der sich umb solich Steinwerk verstott.

Anton Pilgram, Konsolplastik am Orgelfuß
als Selbstporträt vor der Einsetzung als Hüttenmeister
von St. Stephan zu Wien, 1513
(Bundesdenkmalamt, Wien)

Art. 6. Item: Wan ein Meister, wer der were, der solich vorge-
meldet Werk und Gebeue Inhends und besessen hett, von Tod
abgeht, und ein ander Meister, der kumet und gehauwen Stein-
werks do findet, Es wer versetzet oder unversetzet steinwerk:
do sol der selb Meister semlich versetzet steinwerk nit wider abheben, noch das gehawen unversetzet Steinwerk nit verwerfen.
In geheinen wegk on ander werklitt rott und erkennen, uff dass
die Herren und ander erbar litte die solich Beue machen lossent,

115

Anton Pilgram, Selbstbildnis unter der Kanzeltreppe
nach der Einsetzung als Hüttenmeister, 1515
(Bundesdenkmalamt, Wien)

nie zu unredelichen Costen kument, und auch der Meister, der solich Werk noch Tode gelossen hett, nit geschmehet werde, wolltend aber die Hern solich Werk abheben lassen, das mag er lossen gescheen, so verne dass er kein geverde drinne suche.

Art. 10. Item: wen ein jeglich Meister ein Werk verdinget und eine Vysierunge dazu git, wie das werden sol: dem Werk sol er nit abbrechen an der Vysierunge, Sunder er sol es machen, wie er die Vysierunge den hern, Stetten oder im Lande gezeiget hett, also, dass es nit geschweche werde.

Art. 34. Item: Wer es auch, daß ein Meister oder ein Geselle in Krangheit fiele, oder ein Geselle, der auch in dieser Ordenunge were und der sich uffrechtlich by dem Steinwerk gehalten hett und so lange sich lege, und Ime an seiner Zerunge und notpfrunden abginge; dem sol ein jeder Meister, der dan der Ordenunge Büchse hinder Ime hett, Hülff und bystand tun mit lyhen us der Büchse, vermag ers anders untz daß er us den Siechtagen wider uffkemt; so sol er den globen und versprechen, das zu geben und wider in die Büchse zu antwurten. Stürbe aber einer in solichen Siechtagen; so sol man soviel wider nemen von dem, das er nach Tode losset, es sind Kleider oder anders, untz daß das wider vergolten wurt, das Ime dan geliehen ist, ob anders soviel do were. /23/

Lorenz Lacher, Ende des 15. Jahrhunderts Item Du findts auch ein meinung alhie: reis drey firung durcheinander, so findestu die lange und breide, vnd ist der rechte grundt, darauf schier alle Breder [Schablonen] khommen, die man brauchen thuet, …

Item so du wildt ein Khor an das Hochwerkh anleg wo er stehn sol, der abmerckung, der sonen aufgang, so nimb ein Khumbast, setz den auf ein winckelmaß, vnd laß den magnat auf die mitdagslinie stehn, vnd nimb den die Zwerglinien, die gegen den aufgang stehen und schlag die pfel nach einer schnuer, und auß demselben reiß ein fierung, vnd aus derselbigen firung gewin ein Achtecket-Khor mit den Pfeillern, wie dan die Pfeiller stehen sollen, die zeug alß auß den mitlbunten [Mittelpunkten] deß Khors, daran bindt ein schnuer vnd richt alle Pfeiller darnach daß sie nicht falsch stehn vnd wans du den khor angelegt hast mit seiner mauer dickhe. ...

Item wer gewinen will den jungen Masstab aus dem alten masstab, der nemb drey Zoll an dem alten masstab vnd theill die drey Zoll in Neun theill vnd daß der neunteil so lang ist als daß ander, daß ist an dem alten schuech Zwey und sibenzig Junger, vnd Deill den Jungen schuech Einen In Zweytheil, daß sint hundert und vier und siebenzig schuech an dem alten schuech, dissen Jungen masstab sollstu brauchen, wan du ein fissirung zu einem Werkh wilst stellen, so trifft dir darnach der alt Masstab dem grossen werkh auch zue. /24/

Renaissance

Ein neuer Architektentypus

Leon Battista Alberti, 1451/52 Ein Architekt wird der sein, behaupte ich, der gelernt hat, mittels eines bestimmten und bewunderswerten Planes und Weges sowohl in Gedanken und Gefühl zu bestimmen, als auch in der Tat auszuführen, was unter der Bewegung von Lasten und der Vereinigung und Zusammenfügung von Körpern den hervorragendsten menschlichen Bedürfnissen am ehesten entspricht und dessen (möglichste) Erwerbung und Kenntnis unter allen wertvollen und besten Sachen nötig ist. Derart wird also ein Architekt sein. ... Damit aber bei der Besorgung, Bereitung und Ausführung alles dessen der Architekt richtig und pflichtgemäß vorgehen könne, darf er einiges keineswegs vernachlässigen. Er muß erwägen, was er für eine Aufgabe übernimmt, was es für Nutzen bringt, wofür er sich gehalten wissen will, was für eine große Sache er unternimmt, wieviel Lob, wieviel Erfolg, wieviel Dank und auch wieviel Nachruhm ihm daraus entsteht, wenn er seiner Aufgabe wirklich gerecht geworden ist. ... wenn er etwas unerfahren, unüberlegt und unbesonnen unternimmt, wieviel Tadel und Mißgunst er auf sich lädt, was für ein zum Spott herausforderndes allbekanntes, öffentliches, immerwährendes Zeugnis seiner Albernheit er dem Menschengeschlechte gibt. ...

117

...bei einem jeden Bau soll der Meister mit seiner Hand
einen halben Tag arbeiten, darauf soll ihm auch
der Bauherr ein volles oder ganzes Wochenlohn
zu geben schuldig sein.
Breslauer Urkunde von 1542

Eine große Sache ist die Architektur, und es kommt nicht allen zu, eine so gewaltige Sache in Angriff zu nehmen. Einen hohen Geist, unermüdlichen Fleiß, höchste Gelehrsamkeit und größte Erfahrung muß jener besitzen und vor allem eine ernste und gründliche Urteilskraft und Einsicht haben, der es wagt, sich Architekt zu nennen. Denn in der Baukunst gilt als oberstes Lob, genau beurteilen zu können, was not tut. Denn gebaut zu haben, ist ein Ding der Notwendigkeit; passend gebaut zu haben, ist sowohl von der Notwendigkeit als von der Nützlichkeit abhängig. Jedoch so gebaut zu haben, daß es die Vornehmen billigen, die Bescheidenen aber nicht von sich weisen, das geht nur von der Erfahrung eines gebildeten, wohlberatenen und sehr überlegten Künstler aus. ...

Von mir gestehe ich, daß mir des öfteren viele Bauentwürfe in den Sinn gekommen sind, die mir dann erst in höherem Maße gefielen, wenn ich sie zu Papier brachte. Ich fand sogar in jenem Teile, der mich am meisten entzückt hatte, tadelnswerte Irrtümer. Als ich dann wieder die Zeichnung betrachtete, und mit Zahlen zu messen begann, erkannte ich meine Unachtsamkeit und widerlegte sie. Hatte ich schließlich hiervon Modelle und Kopien hergestellt, da kam es mir manchmal beim Durchgehen der Einzelheiten vor, daß ich mich darauf ertappte, daß ich mich auch in den Zahlen getäuscht hatte. ...

Ich möchte auch, daß du soviel als möglich dafür sorgst, daß du es mit glänzenden und nach derartigem besonders begehrlichen Staatsoberhäuptern zu tun hast. Denn Dienste, die man keinem Würdigen leistet, machen wohlfeil. /25/

Papst Pius II. an Bernardo Rosselino, 1463 Du hast ganz recht gehandelt, Bernardus, daß du uns über die voraussichtlichen Kosten getäuscht hast. Wenn du die Wahrheit gesagt hättest, hättest du uns nie zu einer solchen Ausgabe bewegen können, und weder der vornehme Palast, noch das in ganz Italien seinesgleichen suchende Gotteshaus stände jetzt hier, deine Vorspiegelungen legten den Grund zu diesen herrlichen Bauwerken, die mit wenigen Ausnahmen von bloßem Neid verzehrten Menschen alle rühmen. Wir danken dir und erkennen unter allen Architekten des Jahrhunderts dir die erste Stelle zu. /26/

Federigo da Montefeltro, 1468 Jene Männer, urteilen wir, müssen geehrt und gerühmt sein, die sich finden ausgezeichnet an Geist und Fähigkeiten, die immer im Wert standen bei den Alten und bei den Neueren, wie es ist das Verständnis der Architektur, so gegründet auf die Kunst der Arithmetik und Geometrie, welche sind von den sieben freien Künsten die ersten, weil sie im höchsten Grad von Gewißheit sind, und ist die Kunst – die Architektur – von großer Wissenschaft und großem Genie und von uns sehr geachtet und gebilligt; und haben wir gesucht

Leon Battista Alberti, Kupferstich von Tobias Stimmer
(Staatliche Kunstsammlungen Dresden, Kupferstich-Kabinett)

überall besonders in Florenz, wo der Quell der Architektur ist, und haben keinen Mann gefunden der wahrhaftig fähig ist in dieser Kunst; zuletzt haben wir gehört und später durch Erfahrung gesehen und erkannt, wie der vortreffliche Mann Luciano Ostensore hiervon sei gelehrt und unterrichtet in dieser Kunst; und habend beschlossen zu machen eine Wohnung schön und würdig unserm Stand wie dem löblichen Ruf unserer Voreltern, haben wir erwählt und bestimmt den genannten Meister Luciano als Ingenieur und Haupt aller Meister, welche am genannten Werk arbeiten werden, so der Maurer und der Meister der Steinschneider, der Meister der Holzarbeiter, der Schmiede und jeder anderen Person, wessen Grades sie ist und welche Beschäftigung sie am genannten Werk haben wird; und so wollen und befehlen wir unsern Meistern und Arbeitern und jedem von unseren Offizianten, welche die Aufsicht haben und irgend etwas beim genannten Werk verrichten, dem genannten Luciano zu gehorchen in jeder Sache und zu machen, was ihm von diesem wird befohlen sein, nicht anders als unserer eigenen Person; und besonders befehlen wir Andrea Catoni unserm Cancelliere und Verwahrer der eingehenden Bestimmungen wegen des genannten Hauses, und ebenso Herrn Matteo dell' Isola, Kassierer bei genannter Arbeit, daß sie in den Bezahlungen sich streng den Bestimmungen des Meisters Luciano zu fügen haben. Ebenso hat Meister Luciano unumschränkte Gewalt, Freiheit und Kraft zu entfernen und anzunehmen die Meister und Arbeiter, ihren Lohn zu bestimmen und innezuhalten, so die Arbeiten nicht zu seiner Zufriedenheit sind, in Akkord oder Tagelohn arbeiten zu lassen, zu bestrafen, zu verurteilen, vom Lohn innezuhalten, wer nicht seine Schuldigkeit getan hat, und jede andere Sache zu machen, die sich gehört für einen beauftragten Architekten und Obermeister, und dasselbe was wir machen könnten, wenn wir gegenwärtig wären.

Zur Beglaubigung dessen haben wir dieses Patent machen und mit unserm Siegel versehen lassen. Gegeben im Castell Papiae den 10. Juni 1468 /27/

Michelangelo Buonarroti, 1538 ... im Zeichnen, das man mit anderem Namen auch Entwerfen nennt – im Zeichnen gipfeln Malerei, Bildhauerei und Architektur; die Zeichnung ist Urquell und Seele aller Arten des Malens und die Wurzel jeder Wissenschaft. Wer so großes erreicht hat, daß er des Zeichnens mächtig ist, dem sage ich, daß er einen köstlichen Schatz besitzt, denn er kann Gestalten schaffen, höher als irgendein Turm, er kann sie mit Pinsel oder Meißel schaffen, und jede Mauer, jede Wand wird zu eng und klein sein für die Unbegrenztheit seiner Phantasie. /28/

Aus dem Tagebuch eines Stadtbaumeisters

Elias Holl, 1602–1631 Wie nun mein lieber Vater sel., wie oben vermeldt, mir mit tödtl. Hintritt entgangen und noch mehrers an den Schuh-Haus zu verrichten und zu verbessern gewesen, haben mich die Meister der Maurer als einen ledigen Gesellen diese Arbeith nicht wollen verstatten auszumachen, sonderlich weil ich die Meister-Stuck nicht vorgerissen hatte. War also bedacht zu wandern und weg zu ziehen. Aber Gott schickts anderst. Dann mir eine schöne Jungfrau, Namens Maria Burkartin, des Christian Burkarts sel., so ein vermöglicher Mann war, eheliche hinterlassene Tochter, deren Mutter am hintern Lech wohnte oberhalb der Schleif-Mühl an Barfüßer-Pfriendt, all mein Vornehmen und Wandergedanken benahm. Ich setzte all mein Sinn auf diese Jgfr. Maria, wie ich solche zu meiner Ehegattin haben und bekommen möchte; derhalben habe ich auch nicht ruhen können, bis mir solche ehelich zugesagt und versprochen worden. 1596, den 25. Maii habe ich die Meisterstuck fürgerissen und bin darauf zum Meister erkannt worden. ...

Kam also darzu, daß mich meine Herren, sonderlich der Hr. Matthäus Welser anredete und mich in sein Haus kommen ließ, mich berichtete, meine Herren wären bedacht, den alten Jacob Erschey zu Ruh zu setzen und ihme jährlich, so lange er noch lebt, 100 fl. Gnaden-Geld zu geben und sein Quatember-Holz. Er hatte meinen Herren erst ungefähr 9 Jahre gedienet.

... er war von so hohem und entschlossenen Sinne und so sachverständig, daß er die Künstler nicht minder leitete und lenkte als diese ihn.
Giorgio Vasari über Papst Nikolaus V.

Fragte mich als Hr. Welser, ob ich mich mit des Meisters Jacobs Bestallung auch wollte vergnügen lassen; gaben mir seine Bestallung, solte mich darinnen ersehen und mich darnach mit einer Antwort bey ihnen anmelden. Die Bestallung war fl. 80, in vier Quartal getheilt, fl. 5 für einen Rock, fl. 10 für einen Haus-Zins, 12 Klafter Holz und alle Wochen 1 fl. zum Wochengeld; die 12 Klftr. waren 8 Klftr. Feuchten und 4 Klftr. Buchen; auch alle Kalch-Schaufeln, so das ganze Jahr von den Kalchfässern in der Kalchhütten einkamen. Ich brachte bald meine Antwort, daß ich mich um ein solches nicht einlassen könnte; ich getraute mir viel ein mehrers unter gemeiner Burgerschaft zu verdienen und mit Bauen zu gewinnen. Machten mir also die Bestallung in Gottes Namen, jährl. in 4 Quatember eingetheilt, fl. 150, jedes Quartal 37 1/2, für Haus-Zins, Rockgeld sammt den 12 Klftr. Holz und Kalchschaufeln, so das ganze Jahr aus dem Oberland kommen und in meiner Herren Kalchhütten gelifert werden; item alle Wochen einen ganzen Gulden wie dem andern Werkmeister; habe auch im Jahr zweymal Fisch, als 6 Pfd. Karpfen und 5 Pfd. Forellen; so kann ich auch jederzeit zwey Lehrn-Knecht haben, welche ich um das halbe Wochenlohn lerne. …

Dis Jahr aße ich einmal mit Hrn. Joh. Jacob Rembold, Stadtpfleger, zu Mittag. Wurden des alten Rathaus hier zu Red und sagte ich: Ihr Gestr. und Herren sollten daran sein als ein bauverständiger Hr. Obmann, das alte und auf einer Seiten sehr baufällige Rathhaus möchte verändern, abbrechen und an dessen Statt ein schönes neues, wohl proportionirtes Rathhaus erbauen lassen. Vermelte auch dabey, ich hätte großen Lust darzu, ein schönes bequem zu bauen. Welches gedachten Hr. Stadtpfleger nicht übel einging und antwortet, er wolle mit seinen Herren Mit-Collegi, Bauherrn und andern des Raths davon reden und ihre Gedanken darüber vernehmen; ich sollte ein Visier und Abriß machen, in was Form und Größe ich ihne stellen wölte, und meinen Herren hernach verweisen, so könnte man weiter der Sache nachdenken. Ich machte gleich etlich Visieren, bis daß dieser, wie jetzt ist, meinen Herren gefallen hat. …

122

Vor Anfang dieses Rathhaus-Baues habe ich einem jeden Hrn. Stadtpfleger ein Modell von Holzwerk machen lassen, wie es kommen werde und zu Haus gesandt. In diesem solten die zwey mittleren Stiegen zwischen den Altanen auch mit einem Dach

Elias Holl, Kupferstich von Lucas Kilian, 1619
(Städtische Kunstsammlungen Augsburg)

und Schiessen beschlossen worden seyn. Es hat mich aber bedünkt, es wurde viel ein bessers dapferes Ansehen haben, da man auf jede Stiegen einen achteckigen Thurm bauen und sezen würde, und meine Herren fleißig gebeten, sie wolten mir solchen Bau ferner auch vergönnen und die Unkosten nicht so genau ansehen; wann schon jeder Turm 3000 fl. mehr belaufen werde, es hätte doch dieser Bau sowohl inner als außer der Stadt ein heroischers Ansehen; solten nicht sorgen, ich hätte diesen Bau also zu Grund gesetzt, daß ich mir wohl getraute, zwey solche Thurn hinaufzusetzen. Und da es mir nun vergönnt worden, habe ich also gleich mit Freuden angefangen, den Thurn gegen den Fischmarkt den 21. August zu erbauen und den andern gegen den Eysenberg den 3. September. …

Meine Herrren haben mir wegen diesem Rathhaus-Bau, weilen, er Gott Lob so wohl aufgeführt und gerathen, einen schönen vergoldten Becher mit einem Deckel, darein das Stadtwappen geschmelzt und darinnen 600 Goldgulden waren, verehrt; gilt damahlen einer 2½ fl., war 1500 fl. Ist also dieser Bau durch Gottes Gnad die 1620ten Jahrs wohl und glücklich vollführt und darauf den 3ten August erstgemelten Jahrs das erstemahl die Raths-Wahl darinn abgehalten worden, und seyn mit ihrem Schatz, Scripturen, Documenta und Mobilien völlig darein gezogen. …

Dieses 1630ten Jahrs, den 20. Januar, haben meine Herren mich Elias Holl, der ich durch göttlichen Beistand in das 30te Jahr alhie zu Augsburg bestellter Werkmeister gewesen, um wegen daß ich nicht in die Päbstische Kirchen gehen, meine wahre Religion verläugnen und, wie mans genennt, nit bequemen wollte, beurlaubet. Derowegen ich um meinen ehrlichen Abschied und Abzug von hier angehalten, wie nicht weniger um mein bey hiesiger Stadt anliegendes Geld, in allem 12,000 Gulden. War dann vor 15 Jahren 4000 und vor 8 Jahren wiederumb 8000 Gulden meinen Herren hinterlegt, mir mit 5 pro cento zu verzinsen, damit mit solchem mich und die Meinen hernach an anderen Orten zu versorgen und meine fernere Wohlfahrt suchen könnte.

So seynd mir doch erszlich wegen hohen Geldes, so da bei Dar-
leihung der 8 000 fl. Ao. 1622 gewesen, für selbige der halbe Theil
und nur um fl. 4 000 ein neuer Schuldbrief gegeben worden,
auch auf mein zweimaliges inständiges Bitten und Begehren
meines dargeliehenen Gelds der ersten 4 000 fl. mir nur wie das
Dekret gelautet, aus sondern Gnaden fl. 2 000 baar und der halbe
Theil abgekürzt worden, aber der gebetene Abzug gütlich abge-
schlagen, hingegen mir nachfolgender Abschied ertheilt worden: Wir Pfleger, Burgermeister und Räthe des heil. römischen Reichs Stadt Augsburg bekennen und thun kund
männiglich mit diesem Brief, wie daß Elias Holl unser gemeiner
hiesiger Stadt als ein Werkmeister in das 30te Jahr treulich, auf-
recht, redlich, fleißig und willig gedienet, ansehnliche Gebäu all-
hier geführt und in seiner anbefohlnen Verrichtung sich also
verhalten, daß uns seinethalben kein Klag fürkommen. Demnach er aber dem kayserl. Mandat mit Besuchung und Anhörung
der catholischen Predigten kein schuldiges Gehorsam leisten
wollen, so ist er vermög nechst kayserl. Befehl der obberührten

125

Elias Holl, Entwurf zum Augsburger Rathaus, 1615 bis 1620
(Städtische Kunstsammlungen Augsburg)

Werkmeister-Stell, doch in allweg seinem ehrlich guten herge-
brachten Namen ohne Schaden, entlassen und ihme auf sein Begehren dieser Abschied unter gemeiner Stadt Insigel mitgetheilt
worden ... geben den 14. Januar, als man zählt nach Christi un-
sers lieben Herrn und Seeligmachers Geburt Anno 1631. / 29 /

Barock und Rokoko

Die feudalen Bauherren ...

Fürst Karl Eusebius von Liechtenstein, um 1680 Das Geldt ist nur,
schene Monumenta zu hinterlassen zue ebiger und unsterbli-
cher Gedechtnuss.

Es gehet aber nicht so geschwint darmit zu, wie man vermei-
net, dan wan man etwas Schönes haben will, so nach der Regel
recht gemacht seie, so findet man allezeit etwas zu verbessern,
so wieder gerissen werden muss undt allezeith Zeith wegk-
nihmt.

... , welche alle Mengel nicht dem Herrn so es erbauet hat, so
unser Ahnherr gewesen ist von unserer Frau Mueter her, Herr
Johan Schembera, zuzuschreiben, sondern dem Esel, dem Pau-
meister, so es angeordnet hat, welchem gebiehret hat, es recht
zu verstehen und ein schenes und vollkommenes Werk einzura-
then und zu dirigieren und den Pauherren in den rechten Weg
zu leiten ... / 30 /

Fürstbischof Johann Philipp Franz von Schönborn, 1719 Übrigens
hab von hier nichts merckwürdiges zu schreiben, als das der von
Wien gekommene Jean Luca [Johann Lucas von Hildebrand]
sich dermahlen bey mir befindet, mit dem ich Castelli in aria zu
bauen beschäfftiget bin, und schon manche mahl in streit gewesen. Er hat aber schon in etlichen stücken, wo er mit mir unglei-
cher meynung ware, sich wiederum bequemet, und wird sich
noch zeigen, ob wir des handels Völlig werden Eins werden.
Wenigstens finde an Ihme, das Er Ein Mann von guther Ver-
nunfft und Wissenschaft auch Einer wohlErfahrnen geschicklichkeit ist. / 31 /

126

August der Starke von Sachsen, 1717 Nun ist es an dem, daß Wir in der Civil- und Militär-Baukunst uns öfters dilectieren, dahero hierinnen verschiedene desseins Selbsten inventiert, zu Pappier gebracht und solches Unsern Land-Baumeistern, oder andern Subalternen des Christen Bau Amts ungesäumt in Execution zu bringen, immediate allergnädigst anbefohlen. /32/

Friedrich II. von Preußen Veranlassen Sie den dicken Knobelsdorff, daß er mir schreibe, wie es in Charlottenburg, meinem Opernhause und meinen Gärten aussieht, ich bin in diesen Dingen wie ein Kind; das sind meine Puppen, mit denen ich spiele.

Faul ist er [Knobelsdorff] wie ein Artilleriepferd. /33/

Roger North, nach 1700 Denn ein Berufsarchitekt ist stolz, eigensinnig und verdrießlich, selten zur Hand und ein Bauleiter, der das Entwerfen für sich beansprucht. Er ist voller erbärmlich gewöhnlicher Erfindungen. Deshalb sei dein eigener Architekt oder sei still. /34/

... und ihre Hofarchitekten

Heinrich Schickhardt, 1632 Das ist aber nicht also zu verstehen, als ob ich allen solchen gebeuen hette beügewuhnt, biß die außgemacht worden; so hab ich solche auch nicht allwegen allein under handen gehabt insonderhait beü fremden Fürsten, Grafen, Herren vom Adel oder Stätt; die haben etwan ihre aigne Bauw- und Werckmeister gehabt, so der Berhatschlagung beügewuhnt. Es send auch im Land zu Württemberg, nachdem die Sach wüchtig gewesen, etwan die Werkmeister alß Külian Kesinbrot und Caspar Kretzmaüer mier zugeben worden. Etwan hab ich ihrer selber begehrt, dan die nicht allein in der Architectur hoch und wol erfahren, sonder jeder Zeit in ihrem Beruof fleißig, getrew und redlich gewesen, also das ich mich gefreht hab, wan ich mit ihnen was verrichten sollen. Wo ich auch fürneme Gebeü gehabt, hab ich an selbigem Ort nach guten Handtwerksleiten gefragt, sie gern angehert, hab manchmal bessern Rhat beü solchen schlichten leitten dan etwa beü grosen Prachthansen gefunden. Wan ich Abriß und Iberschlag zu einem Bau gemacht,

127

Darum halte ich die Kunst, Städte mit untadelhaften
Wohn-Häusern anrichten vor weit größere Kunst und Verstand
als Königliche Paläste angeben.
Leonhard Christoph Sturm

mich mit dem Bauwherren oder dem Amptman, der den Bauw fiehren soll, und mit den Handtwerksleiten verglichen hab, bin ich wieder fort gezogen. Ist aber die Sach wichtig gewesen, bin ich ab- und zugeritten. /35/

Jean Baptiste Colbert über Gianlorenzo Bernini nach dem Tagebuch des Herrn von Chantelou, 1665 Man kann nicht leugnen, daß sein Projekt schön und großartig ist, aber wenn man schon den alten Louvre sozusagen ruiniert und zehn Millionen verausgabt, so müßte wenigstens das Kgl. Appartement etwas bequemer ausfallen, als es heute ist. Der Cavaliere ist davon ausgegangen, zunächst Festsäle zu bauen und den ganzen Rest mit Riesenzimmern auszufüllen. Aber für das persönliche Wohlbefinden des Königs hat er nichts getan. ... Der Cavaliere hat ausgezeichnete Seiten, aber er besteht zu fest auf seiner Überzeugung und will auf andere durchaus nicht hören. /36/

Johann Balthasar Neumann, 1720 und später Specificatio, was abgelebter herr obrister Balthasar Neumann an besoldung jährlich genossen als

	fl.	Batz.
An geld	480	–
Addition	120	–
Neu-jahr	32	–
Quartiergeld	62	6
Kostgeld wochentlich 3 rthlr	182	6
Kostgeld für 1 diener wochentlich 2 fl. rein		83
1 fuder Wein	24	–
12 karren holz	28	12
19 malter habern auf 2 pferd	38	–
	1055	9

Beschluß der Würzburger Hofkammer am 12. März 1722 ... dem stückhaubtmann könnte künftig für 1 centner pulfer, der geliefert werde, ein guter gulden dergestalten bezahlt werden, daß derselbe hingegen die pulfermacher davon belohnen, wie auch alle beim herrschaftlichen bauwesen vorfallende verrichtungen unentgeltlich tun schuldig sein soll.

Brief Johann Balthasar Neumanns an Dominikus Marquard Fürst zu Löwenstein-Wertheim-Rochefort vom 29. Januar 1729 Weilen ich nun von jugend auf bey der artillerie undt selbsten stuckgüsser in die 14 jahr gewesen, undt nach und nach denen letzteren ungarischen campanien, da ich schon in Wien als stuckh haubtmann bleiben solte; da ich aber mit mehreren wissenschaften umbginge undt an mehreren orden practiciren wolte, wie ich eben auch die gnad gehabt in Mailand bey Ihro hochfürstl. Durchleicht sehligen andenckhens 14 tag gestanden, undt von denen zivil gebeuhen zu thuen gehabt; nachdeme nicht nur dahier die fortification, sondern auch die neye residenz undt herrschaftl. gebauhe unterhanden gehabt und dirigire, ... als habe Euer hochfürstl. Durchleucht hiemit untertänigst bitten sollen, die hohe gnade vor mich zu haben undt Dero votum bey einem hochlöbl. fränckischen creyss als obrist-lieutenand der artillerie in gnaden beilegen, welches mit meinen guten treyen diensten allmöglichst mich befleißigen werdte; sollte sich die gelegenheit geben, daß ich Euer hochfürstl. Durch. etwan in dem civilbauwesen was angenehmes unterthänigst dienen kan, worzu mich in allwegen offerir, undt mit ahnhoffender gnädigster Resolution verharre. /37/

Carl Friedrich Pöppelmann, 1742 Der Herr Obrist Carl Friedrich Poeppelmann ist ein Sohn des bey etlich und Vierzig Jahre in hiesigen Königl. und Churfürstl. Sächß. Diensten gestandenen Seel. Ober Land Bau Meisters dieses Nahmens. ... Nachdem besagter Ober Land Bau Meister, welcher in der Civil Bau Kunst bekanntermaßen sowohl in hiesiger Residenz als außerhalb derselben verschiedene treffliche Wercke aufgeführt, und sonderlich manchen Haupt Brücken- und Waßer-Bau an der Elbe und

129

dem Moldau-Strohme, zum großen Nutzen des Landes, errichtet, diesen seinen Sohn Carl Friedrich von deßen zarten Jugend auf zu seiner Wissenschafft eifrichtst angeführet, und dieser bereits in seinen 15ten Jahre, eine große Fähig- und Geschicklichkeit dazu von sich äusserte, so hatte er die besondere Gnade,

Johann Balthasar Neumann, Schabkunstblatt
nach dem Gemälde von M. F. Kleinert, 1772
(Mainfränkisches Museum, Würzburg)

daß unser Höchst. Seel. König, als ein großer Meister und Kenner der Zeichen- und Baukunst, von solcher Zeit an besagten jungen Poeppelmann zu sich nahm, und sich deßelben solcher gestalt bedienete, daß derselbe die Königlichen Erfindungen, Deßeins und Projecte so dann ins Reine und zur Execution bringen mußte.

Durch solche Hohe Anleitung, da er in Sr. Königl. Majt. Zimmer fast Tag und Nacht beschäftiget war, bekam er den schönsten Anlaß in Civil- und Militair Wißenschafften solcher gestalt sich zu üben und zu perfectioniren, daß des Höchstseel. Königes Majt. denselben wegen seiner besondern Capacitaet gar hoch gehalten, so zu sagen, nicht von seiner Seite kommen laßen, mit vielen Gnaden Bezeigungen überhäufft, und sich seiner bey allen Gelegenheiten, mit vielen Nutzen und aller Zufriedenheit bedienet.

Alles dieses setzte denselben bey dem Höchstseel. Könige Glorwürdigsten Andenckens in so besondere Gnade, daß Ihro Majt. in Dero letzten Kranckheit denselben so wohl Tages als Nachts bey und um Dero Person behalten, da er dann mit Vorlesen, inventiren, Projecten und Desinien Seine Königl. Majt. biß an Höchst deroselben erfolgtes Absterben, beständig zu amusiren die Gnade Genoßen. /38/

Friedrich Joachim Stengel, 1751 Des andern Tages darauf ließ mich der Herr Geheimde Rath von Ichteritz zum Mittag Eßen invitiren, alwobey abermahls der Herr Geheimde Raths-praesident und Herr Geheimde Rath und Kantzler von Nischwitz gegenwärtig waren.

Hier wurden mir nun nochmahls die Gothaischen Dienste anzunehmen starck zugesetzt, und zwahr unter Anbietung fast doppelter Saarbrückischer Bestallung, nebst den praedicat als Rath und Baudirector, so daß ich bey einem guten Glaß Wein bon humeur wurde und mich darzu obligirte, welches ich nochmahls des andern Tages bekräfftigen mußte, da die Postpferde zu prosequirung der Rückreise nach Saarbrücken schon vor meine Chaise angespannt waren. /39/

Veränderte Architekturkonzepte

Christopher Wren, nach 1700 Moderne Autoren, die sich mit Architektur befaßt haben, scheinen im allgemeinen wenig mehr im Blick zu haben als die Proportionen der Säulen, Architrave und Gesimse in den verschiedenen Ordnungen. ... und diese Proportionen, die sie in den antiken Bauwerken der Griechen und Römer finden (obgleich willkürlicher verwendet als sie es eingestehen), haben sie auf viel zu enge und pedantische Regeln reduziert. / 40 /

Leonhard Christoph Sturm, 1721 Darum halte ich die Kunst Städte mit untadelhaften Wohn-Häusern anrichten vor weit größere Kunst und Verstand als Königliche Paläste angeben. / 41 /

Charles Etienne Briseux, 1752 Es muß also geschlossen werden, daß es unentbehrlich ist, die natürlichen Talente zu vervollkommnen durch Erfahrung, begleitet von soliden Überlegungen, und durch beständige Regeln, die mit Genauigkeit zum Rechnen nützlich sein und zu einem echten Erfolg führen können.

Aber diese konstanten Regeln sind die Proportionen: Regeln von mathematischer Wahrheit; Regeln, die auf die Natur, Berechnung und Erfahrung gegründet sind, wie es also in diesem Traktat bewiesen wurde.

Vergeblich behaupten die Anhänger Perraults, daß es keine anderen Regeln als die des Geschmacks gibt. Vergeblich wagen sie zu sagen, daß die Regeln der Proportionen nutzlos sind, daß sie ein Fundament in der Natur haben und daß allein der Geschmack den Architekten leiten muß. / 42 /

Abbé Laugier, 1768 Warum haben wir nicht eine Art Baupolizei, welche Acht gibt, daß der unwissende Haufe der Baumeister der Kunst in den Augen der Kenner, der Fremden und der Nachwelt nicht zu sehr schadet?

Die Erfindung des Plans von einem Gebäude ist unstreitig eines der vornehmsten Stücke für einen Baumeister, weil er dabei seinen schöpferischen Geist durch immer neue und richtige Einrichtungen zeigen kann. / 43 /

Jacques Germain Soufflot, 1744 Die Regeln sind der Geschmack, der Geschmack das sind die Regeln. ... Der Geschmack bildet sie, sie bilden den Geschmack. /44/

Claude-Nicolas Ledoux, 1804 Der Architekt sieht überall das Gute bei der Reinigung des sozialen Systems. Der praktisch tätige Mensch ist der Automat des Schöpfers; der geistig Tätige ist selbst Schöpfer. ... alles gehört in seinen Bereich: Politik, Moral, Gesetzgebung, Religion, Regierungen.

✳

Die Lebenszeit eines Architekten ist so kurz, daß er nicht einen Augenblick an Zeit zu verlieren hat. Er muß nachts von dem träumen, was er am Tage auszuführen hat.

✳

Wenn der Architekt das Unglück hindert, wenn er die Hütten des Armen verschönert, wenn er das Los der kleinen Leute bessert und die Freuden der Großen vermehrt, wenn all die Oberflächen, die er nicht schmückt, treue Spiegel seiner Seele sind – dann ist dies ein großer Gewinn für die Menschheit. /45/

Neue Organisationsformen

Graf Wackerbarth, Instruktion für das Oberlandbauamt Dresden von 1700 Wornach sich in abwesenheit meiner, das Ober-Bauamt und insonderheit der Herr Obrist Lieut. Lambion und die übrigen Herren Ober Officiren zu richten haben werden, als

1.) Wann Sr. Königl. Majt. oder Ihro Hochfürstl. Durchl. der Herr Stadthalter, Einen Bau anordnen, sollen (in abwesenheit meiner) der Herr Obrist Lieutenant Lambion, Herr Ober Landt Baumeister Beyer, der Herr Ober Land Baumeister Karger, nebst den Oberbauschreiber zusammensitzen, die Riße und Anschläge examinieren, diejenigen Künstler und Handwercks Leuthe, welche dabei benöthiget, darzu ziehen, alles fleißig überlegen, den Schluß, so der Herr Obrist Lieutenant nebst denen Herr Ober Landt Baumeistern machen, registriren undt darüber stricte halten.

2.) Wann Riße oder Anschläge verfertiget werden, sollen sel-

133

bige denjenigen Künstlern und Handwercks-Leuthen, so zum Bauambt gehörig, vor erst gezeiget, ihre gutachten, was sie dafür zu nehmen geziemet eingeholet, so dann Frembde, wer die seyn, darüber vernommen, und dehm, der am wenigsten begehret verdungen, iedoch denen, so im Ober Bau Ambte protection haben, die Freyheit gelaßen werden, das letzte gedünge zu acceptiren.

3.) Ist ein gewißer orth auszusehen, alwo obgemelte Herren Ober Officirer nicht allein die Riße und Schreibereysachen verwahren, sondern auch daselbst alle Freytage, des Sommers früh um 6 Uhr, im Winter umb 8 Uhr zusammen kommen, über alles fleißig deliberiren, was die vorige Woche verrichtet, approbiren, hinwieder was die folgende Woche vorzunehmen abreden, und sodann was geschloßen protocoliren können. ...

4.) Mit Fortführung derer wöchendtlichen und jährlichen Rechnungen bey der Hochlöbl. Cammer soll es wie bishero sein bewenden haben, iedoch nicht mehr denen Officiren und Bedienten ihre Besoldungen Quartaliter oder Jährlich, sondern Wöchendtlich eingetheilet, alle Wochen richtig bezahlet und in die Wochenschlüße mit gebracht werden, weilln viele darunter begriffen, die nicht ein Quarthal, geschweige Ein Jahr erwartten können, überdieß auch leichter abzuführen als wenn solche großen Posten zurückbleiben, und nachmahls solche zu tilgen die Hochlöbl. Cammer sich nicht iederzeit vorräthig befindet. /46/

Zeitungsinserat in einer englischen Tageszeitung, aufgegeben von Robert Brettingham, 1753 Robert Brettingham löst sein Maurergeschäft auf. Er ist bestrebt als Architekt zu arbeiten; Zeichnen von Grundrissen und Ansichten, Schätzungen, Ausführung von Arbeiten oder Aufmaß irgendwelcher Gebäude für jeden Gentleman im Lande. /47/

Klassizismus

Friedrich Weinbrenner

Kaum wird man Beweise fordern, wie wichtig für den Staat und die Individuen die ächte Bildung des Baumeisters sey. Bei Aufführung des einfachsten Bauernhauses wie des Größten Prachtgebäudes ist Er die Seele des Baues, der Geist, der das Ganze bis in die kleinsten Teile forschend und ordnend durchdringen muß. Er ist das belebende Prinzip, sogar Bildner der bei dem Bauwesen angestellten Arbeiter. Er wirkt durch seine Werke,

135

Friedrich Weinbrenner, Radierung von Karl Sandhaas, 1827
(Staatliche Kunsthalle Karlsruhe)

kräftiger und dauernder als Wort und Schrift, auf Sitte und Geschmack, auf Wohlstand und physisches Wohl des Volkes. Er arbeitet wie irgendeiner, für Bedürfnis, Bequemlichkeit, Lebensgenuß und Veredelung, auch für Achtung der Nation im Ausland. Enkel und Urenkel ernten, wo Er säete. ... der Staat und der Privatmann sind genötigt einen ansehnlichen Teil ihres Vermögens der Verfügung des Architekten zu untergeben, um Werke der Kunst darzustellen, die dem Strom der Jahrhunderte trotzend, der späteren Fortzeugung Schutz, Bequemlichkeit und Freude gewähren, die ihr dankbar Achtung für den Urheber einflößen sollen.

✳

Der Stufengang, auf dem ein BaukunstBeflissener zu der Höhe seiner Bestimmung sich zu erheben hat, ist dieser. Ausser den nöthigen Sprachen, der Erdbeschreibung, der Geschichte, vorzüglich der ältern, der römischen und griechischen Alterthümer, nebst der Mythologie, studire er zuvörderst die Hülfswissenschaften der Baukunst: Arithmetik, Geometrie, Mechanik auch die übrigen Theile der angewandten Mathematik, die Naturlehre. In allen diesen Wissenschaften muss unter Anleitung eines geschickten Lehrers, ein solcher Grund gelegt werden, dass der zukünftige Baukünstler nicht nur während seiner architektonischen Lehrjahre sich einem gründlichen SelbstStudium dieser Wissenschaften fortwährend überlassen, sondern auch in seinem praktischen Wirkungskreis überall, wo es nöthig ist von denselben gehörige Anwendung machen kann.

Aus diesem Vorhof der Baukunst trete der Jüngling in die Schule eines theoretisch-praktischen Baumeisters. Theorie der Baukunst, geometrische, perspektivische und architektonische Zeichnungslehre, Optik und Katoptrik, müssen ihn da anhaltend beschäftigen. Fleissige Übung in dem Handzeichnen ist damit zu verbinden. Ein ächter Baukünstler muss Kopf und Hände gleich gut gebrauchen können. Daher ist sehr nützlich dass der Lehrling, in Nebenstunden, selbst mit mechanischen Arbeiten, besonders mit dem Modelliren, sich beschäftige. Zugleich widme er sich den mit der Baukunst verwandten Wissenschaften, dem enzyklopädischen Studium der schönen Künste, besonders der mit der Baukunst verschwisterten plastischen Künste, der Bildner- und Malerkunst, der schönen Gartenkunst, der schönen Schrift- und Münzkunst, dem Studium der Aesthetik und der Geschichte der Baukunst.

Nach solcher theoretischer Vorbereitung von mehreren Jahren, bedarf der angehende Baukünstler praktischer Exempel von verschiedener Art. Er vergleiche seine Studien mit wirklichen Werken der Baukunst, er versuche sich in schriftlicher und bildlicher Darstellung eigener Ideen, er beschäftige sich praktisch, theils mit der in seinem Vaterland, oder auf dem muthmasslichen Schauplatz seiner künftigen praktischen Thätigkeit, üblichen Bauart, theils mit anderweitiger Anwendung seiner theoretischen Kenntnisse; immer, wo möglich, unter den Augen eines geschickten praktischen Künstlers seines Fachs. Er strebe, sich als Künstler gut auszumünzen, seiner Wissenschaft nicht nur gewachsen, sondern auch überlegen zu seyn. So gereift zu höherer

137

Friedrich Weinbrenner, Villa Madama in Rom,
lavierte Federzeichnung, 1792–1797
(Staatliche Kunsthalle Karlsruhe)

Vervollkommnung, trete er nicht vor dem zwei- bis vier und zwanzigsten Jahre, seine architektonische Reise in das In- und Ausland an. Den ächten Jünger architektonischer Plastik empfange zuerst Italien, die heilige Mutter, die treue Pflegerin der Kunst unter heiterem Himmel. Hier erhalte er die höchste Weihe der Kunst, durch Beschauen, durch rastloses ernstes Studium der herrlichen Überreste des Alterthums. An diesen köstlichen Reliquien nähre sich seine Einbildungskraft, ergötze sich seine Geschmackslust, bestimme seine artistische Urtheilskraft sich zur Festigkeit, auf dass er nie einem blossen Modegeschmack fröhne, wie gross auch die Versuchung sey, welche Ansehen des Ortes, der Nation, der Machthaber, ihm bereiten. An Italien schließe sich, zu Vergleichung der schönen Baukunst, Griechenland. Auf beide folge, in Absicht auf Bequemlichkeit, Frankreich; dann hauptsächlich wegen der landwirtschaftlichen Bauart und der HolzConstruction, Teutschland und England.

✳

Um nun bei dieser bevorstehenden Bauorganisation zugunsten des Staates und zur Cultur der Baukunst nach einem gemeinschaftlichen Ziel zu wirken und von dem jetzigen Standpunkte unserer Kenntnisse auszugehen, wäre es zu wünschen, daß vor allem die im ganzen Großherzogtum angestellte Baumeister ihrem Gehalt nach, also placiert und gehörig versetzt und verteilt werden, daß ein jeder auf seine ihm passende Stelle komme, wo er mit seinen Kenntnissen zu dem Hauptzwecke des Ganzen wirken und tätig sein könnte; so möchte… das hiesige Bauamt, als das Centrum für Cultur und Zweck seiner gehörigen Sphäre nach angesehen, vor allem mit solchen Subjekten versehen werden, daß sich von hier aus die Hauptstrahlen jener Erwartungen verbreiten und daß das übrige Baupersonal für Land- und Stadtgebäude, für die 2 noch untergeordnete Bauämter in Mannheim und Freiburg von hier aus durch junge tätige und wissenschaftliche Männer, welche ein vollkommenes Studium der Baukunst von Anfang bis zu der Praktik eines Geschäftsmannes durchgangen haben, zu besetzen sey. /48/

138

Das Berliner neue Theater Gebäude, von dem ich nun die Grund- u. Aufrisse eingesehen habe, ist ein erbärmliches, architectonisches Product, was den Erbauern keine Ehre macht. Obgleich wohl H. Schenkel [Schinkel] unter die erste schön Zeichner gezählt werden kann, so sollte er aber kein Bauprojekt entwerfen, indem er durch dieselbe zu erkennen gibt, daß er von dem wahren Studium der Baukunst wenig oder gar nichts versteht. /49/

Karl Friedrich Schinkel

In der Stadt [Baden-Baden] angekommen, besuchten wir noch im Zwielicht die Badepromenade und die neuen Badesäle, das Theater und die dazugehörigen Hallen von der ungeschickten Architektur Weinbrenners. Die Lage dieser Partie ist jedoch trefflich gewählt.

✳

Eine so vollständige Bearbeitung des Plans erfordert aber Zeit und große Mühe aller Art, und es könnte sich wohl zutragen, daß bei unserm beiderseitigen besten Willen für die Sache die Arbeit so ausfiele, daß allerhöchsten Orts wegen einzelner Anstöße mittelst eines Bleistiftstrichs das Resultat vieler angestrengt durchwachter Nächte vernichtet würde und nun von neuem Zeit und Mühe aufgewendet werden müßten, woraus die Förderung des Werkes nicht erwachsen kann.

Vor der ausführlichen Bearbeitung dieses Gegenstandes halte ich daher einen Schritt, den wir tun müssen, für unerläßlich … Se. Majestät den König zu ersuchen, daß er über eine Reihe von Bestimmungen die feste Entscheidung schriftlich zu geben geruhe, welche Bestimmungen so gestellt und so vollständig ausgemittelt werden müssen, daß die danach behandelte Bearbeitung durchaus keiner wesentlichen Abänderung mehr unterworfen sein kann, sondern gleich die vollständige Genehmigung erhält. …

Nachdem nun Se. Majestät diese Bestimmungen festzustellen geruht hätten, würde ein vollständiger Auftrag an mich zur Be-

139

arbeitung des Projekts in allen seinen Details mit der Zusicherung auszuwirken sein, daß mir die obere Leitung der Ausführung des Baues in Hinsicht auf die strenge Beachtung aller Formen des von mir entworfenen Planes übertragen werden solle. Mit dem Geldkalkül und überhaupt dem Rechnungswesen würde ich indes, meiner vielen anderen Geschäfte wegen, in jedem Falle verschont werden müssen. Die Bedingung: die Ausführung nach meinem Plan in obigem Sinne und mit Freiheit in Rücksicht auf die anzustellenden speziell ausführenden Baumeister und Bauhandwerker sowie auch die Bestimmung des passenden Materials etc. selbst zu leiten bin ich mir durchaus schuldig, da ich leider nur zu oft erfahren habe, wie durch Mißverstehen oder, was noch weit schlimmer ist, durch Vermischung meiner Ideen mit anderen, jahrelange Arbeiten und die schönsten Hoffnungen zertrümmert werden und ich viele solcher Jahre nicht mehr ungenutzt zu verlieren habe.

✳

Am meisten leidet der talentvolle Künstler unter diesem Druck, wenn der Machthabende von dieser gemeinen Art des Componierens oder Zusammenwürfelns ergriffen ist dabei, denn dieser muß sich gefallen lassen, daß sein mächtiger Bauherr Befehlshaber das beste seines Entwurfs mit völligem Unverstand und sehr bequem mit einem Strich durchstreicht, dagegen das trivialste an die Stelle setzt. – Nur mit der Aufopferung seines ganzen irdischen Glücks und seiner Stellung kann er durch Wagstücke seine Gedanken, mit der Gefahr der Entdeckung und der Ungnade einschwärzen. – Der Beifall welcher ihm zufällig manigmal aus diesem Verfahren, wenn das Werk vollendet ist, erwächst, bringt ihn in den Zustand der höchsten Ironie, worinnen ein ganz kleiner Ersatz gegen die vorher ausgestandenen Leiden liegt, aber kein Gegengewicht gegen das entbehrte Zutrauen in seiner Kunst entsteht, wodurch der Bauherr ihm eine glückliche Thätigkeit während der Ausführung des Werks erzeugt hätte.

140

✳

Der Architekt ist seinem Begriff nach ein Veredler aller menschlichen Verhältnisse, er muß in seinem Wirkungskreise die gesamte schöne Kunst umfassen. Plastik, Malerei und die Kunst der Raumverhältnisse nach Bedingungen des sittlichen und vernunftgemäßen Lebens des Menschen schmelzen bei ihm in einer Kunst zusammen.

✳

Es kann nicht die Frage sein bei einer Aufgabe für die Baukunst: was gehört von den bekannten nützlichen Dingen in der Welt zur Ausführung dieser Aufgabe, sondern es steht eine reine Idee von der allein möglichen Art eines Werkes in der Seele des Baukünstlers, diese Idee ganz unabhängig von der bestehenden Welt rein aus ihm selber erschaffen, indem er die tiefste Bestimmung des Gebäudes unmittelbar in ihm selbst

141

Karl Friedrich Schinkel, Selbstbildnis mit Frau Susanne
um 1810–1815 (Staatliche Museen zu Berlin,
ehemaliges Schinkelmuseum)

Karl Friedrich Schinkel, Skizzen zu hölzernen
und eisernen Tragwerken,
aus dem »Architektonischen Lehrbuch«, um 1830
(Staatliche Museen zu Berlin, ehemaliges Schinkelmuseum)

fühlte, und nun erst entsteht die Frage, was sind die nothwendigen Mittel zur Realisierung dieser neuen, in ganzer Freiheit erzeugten Idee.

✳

Warum sollen wir immer nur nach dem Styl einer anderen Zeit bauen? Ist das ein Verdienst, die Reinheit jedes Styles aufzufassen – so ist es noch ein größeres, einen reinen Styl im allgemeinen zu erdenken, der dem besten, was in jedem andern geleistet ist, nicht widerspricht.

✳

In allgemeiner Beziehung auf das Vorhergesagte erwähne ich für den Stand des Bauwesens in unserem Staate, daß bei Privaten und bei Kommunen fast überall noch das Vorurteil gegen gebildete Baumeister herrscht und man sich den Händen des Maurermeisters und des Zimmermeisters etc. allein vertraut. Wissenschaftlich und künstlerisch ausgebildete Baumeister sind freilich erst Produkte der neueren Zeit und durch die Vermannigfaltung und Ausdehnung des ganzen Feldes der gesamten Architektur hervorgegangen. ...

Wer unsere Maurer- und Zimmermeister etc. kennt, der weiß, daß die Besten unter ihnen nur eine eng zugeschnittene, abgerichtete und nur auf ihr Fach bezügliche Bildung haben, und hieraus sind denn auch alle die Erscheinungen von Dürftigkeit und Trivialität, wenn sie in ihren Schranken geblieben sind, von Mißverstand und laienhafter Phantasterei, wenn sie sich über ihren Stand erheben wollten, erklärbar; diese treten bei Durchreisung der Provinzen dem Beobachter so häufig unangenehm entgegen. Es erscheint hiernach von der höchsten Wichtigkeit für die Verbreitung allgemeiner Bildung in den Provinzen: den durch die Staatsexamina geprüften Architekten möglichst viel Einfluß auf die Bauunternehmungen aller Gattungen zu verschaffen. /50/

Friedrich Wilhelm IV. von Preußen, 1841 Ich vermisse so recht den lieben Schinkel; er war eine Autorität, von der man ein gutes Ja, ein gutes Nein erwarten konnte. /51/

143

Leo von Klenze

Ja, wahrlich an trüben Stunden fehlt es nicht, wenn man in dem Fürsten, welchem man dient, solches Schwanken in der Kunst, solches gehalt- und bodenlose Detail-Einmischen in dieselbe bemerkt, welchem jeder Begriff von Poesie, Zweckmäßigkeit und Stil in architektonischen Dingen fehlt, und welches in dieser hohen Kunst nichts mehr als ein Mittel sieht, durch Dekoration im Sinne momentaner Ansichten und Eindrücke das Auge zu kitzeln.

∗

Ist der Architekt von dem vollen Inhalt seiner Aufgabe, von der Idee des Bauwerks, das er zu schaffen hat, und dessen Zweckbestimmung ganz erfüllt und durchdrungen, und versteht er es, die technischen Grundbedingungen eines architektonischen Schaffens, nämlich dem von dem Raumbedürfnis abhängigen und die gesamte Raumanlage bestimmenden Grundland und die von der Örtlichkeit, dem Klima und Baumaterial bedingte, auf die Gesamtgliederung und die ornamentale Einzelgestaltung des Bauwerks rückwirkende Konstruktion mit den höheren Anforderungen jene Ideen in lebendigen Einklang zu bringen, weiß er den Charakter praktischer Zweckmäßigkeit und heiterer Behaglichkeit und Schönheit zu verbinden; so kann es nicht fehlen, daß das Gebäude ein in sich vollendetes, ausdrucksvolles und schönes Ganzes in dem angedeuteten Sinne bilden werde.

∗

Ein geschickter Baumeister wird sich der vorhandenen Bauformen der klassischen sowohl als der romantischen, der geraden Linie, des Rund- und Spitzbogens mit ihrer Ornamentik in voller Freiheit zur Befriedigung der Gegenwart bedienen und sie zu einem originellen, schönen, organischen Ganzen verbinden. Sollte es nicht gelingen, wie seinerzeit sich der Renaissancestil aus dem damals bekannten Stil entwickelte, so auch jetzt eine neue Bauart zu finden?

144   ∗

So geht es den unglücklichen Architekten, sie haben mit allen Hindernissen der Welt zu kämpfen, das mächtigste aber bleibt doch der Einfluß des Bauherrn selbst, deren beständiges Einreden der ewige Stein des Anstoßes in dieser Kunst ist, und diesen Stein des Anstoßes hinwegzuräumen muß man oft mehr Mühe anwenden als das Werk selbst zu vollenden erfordert. /52/

Ludwig I. von Bayern über Klenze Sie können mir abermals einen Antrag machen die Leitung des Bauwesens betreffend und falls Sie's fürs Beste halten mir Klenze als dessen Vorstand beantragen. In Kunst und Technik ist er gewiß sehr ausgezeich-

145

Leo von Klenze, Bleistiftzeichnung
von Carl Christian Vogel von Vogelstein, 1825
(Staatliche Kunstsammlungen Dresden,
Kupferstich-Kabinett)

net, aber seine Herrschsucht ist groß, alles Bedeutende soll von ihm selbst oder doch unter seinem Protectorat im Bauwesen gemacht werden; daß er in diesem Zweige der Kunst keinen Großvezier abgebe, der er so gern in allen seyn mögte, dieses muß verhütet werden und doch dabey möglichster Nutzen aus seinem hohen Talente und seiner großen Tüchtigkeit zu ziehen, dieses ist die (nicht leichte) Aufgabe. Ausgezeichnete Künstler und Techniker, beydes vereinigende, wenn solche vorhanden über das Bauwesen zu setzen, in dem Baurathe, die unabhängig von Klenze, redlich sind und frey zu sprechen das Herz haben, z. B. Gärtner, scheint mir der geeignetste. /53/

Historismus

Gottfried Semper

Die Begeisterung, welche alle Deutschen seit dem Frühling des vorigen Jahres für die hohe Idee eines einigen starken Vaterlandes ergriff, fand auch in meinem Herzen den lebhaftesten Anklang, und, obgleich ich an den Bewegungen der Zeit keinen aktiven Antheil nahm, und mir politische Umtriebe stets fern blieben, mein ganzes Streben vielmehr durch die wichtige Arbeit, mit welcher Ew. Majestät mich allergnädigst betraut hatten, gefesselt war, bekannte ich mich jedoch laut für die Sache des Parlamentes und fand mich tief und lebhaft davon ergriffen, alle die schönen Erwartungen einer großen nationalen Zukunft eine nach der andern getäuscht zu sehen. In dieser aufgeregten Stimmung befand ich mich, als die Ereignisse des Mai, für mich ganz unerwartet, eintraten. Unter ihrem lebhaften Eindrucke und unter der Herrschaft lokaler und zufälliger Umstände war es mir, nach meinem Charakter, unmöglich, bei dem eingetretenen Conflicte mich den letzten Consequenzen meiner oft laut ausgesprochenen Überzeugung zu entziehen.

✳

Der Architekt war Chorage, er führte sie [die Künste] an; sein Name schon sagt es. Er ward gewählt aus der Mitte der Künstler, weniger wegen durchgreifender Meisterschaft in allen künstlerischen Vorzügen, sondern vielmehr wegen der besonderen Gabe des Überblicks, des Verteilens der Kräfte, des richtigen Auges für Verhältnis und Ökonomie der Mittel. So überschauete er mit unparteiischen, noch nicht durch Theorienwesen geschwächtem Auge das Ganze und fand willigen Beistand von allen Künstlern, die noch nicht zu Dekorationsmalern und Stuccaturarbeitern sich herabwürdigen, wenn sie dem Architekten gehorchten.

✳

Wir haben Künstler und keine eigentliche Kunst. Durch unsere vom Staat errichteten Akademien werden jene für den hohen Stil herangebildet, und abgesehen von der Masse der Mittelmäßigen, übersteigt selbst die Zahl der hochbegabten Talente die Nachfrage nach ihnen bei weitem. Die wenigsten sehen ihre hochstrebenden Jugendträume vollfüllt, und zwar demnach nur auf Kosten der Wirklichkeit durch Negation der Wirklichkeit durch Negation des Gegenwärtigen und phantasmagorisches Zurückbeschwören des Vergangenen. Die anderen sehen sich auf den Markt geworfen und suchen ein Unterkommen, wo sie es finden.

✳

In dem Gefühl ihrer Schuld und hart bedrängt von ihren Gläubigern hilft sich die halbbankrotte Architektur durchs Papier und bringt zweierlei Sorten davon in Umlauf, um sich wieder zu erholen. Die erste Sorte sind die Durandschen Assignaten, die dieser Schachbrettskanzler für mangelnde Ideen in Kurs setzt. Sie bestehen aus weißen Bögen, die nach Art der Stickmuster oder Schachbretter in viele Quadrate geteilt sind, auf denen sich Risse des Gebäudes ganz mechanisch ordnen. Wer zweifelt noch an ihrem vollgültigen Wert, da man nun alles, was die Alten nur wie Kraut und Rüben durcheinander warfen, die heterogensten Dinge ohne vieles Kopfzerbrechen unter einen Hut

147

bringt, da durch sie der nagelneue Polytechniker zu Paris binnen sechs Monaten sich zum vollendeten Baukünstler bildet, da ihre Quadrate, auf denen sich, wie von selbst, Reitbahnen, Thermen, Theater, Tanzsalons und Konzertsäle in einen Plan zusammenfügen, den großen akademischen Preis davontragen, da ganze Städte wie Mannheim und Karlsruhe, nach ihren strengen Prinzipien erbaut wurden?

Gottfried Semper, Lithografie von F.S.Hanfstaengel,
1848 (Ausschnitt) (Staatliche Kunstsammlungen Dresden,
Kupferstich-Kabinett)

Die zweite Papiersorte, die in der allgemeinen Ideennot nicht minder zu statten kommt, ist das durchsichtige Ölpapier. Durch dieses Zaubermittel sind wir unumschränkte Meister über alle, mittlere und neue Zeit. Der Kunstjünger durchläuft die Welt, stopft sein Herbarium voll mit wohlaufgeklebten Durchzeichnungen aller Art und geht getrost nach Hause, in der frohen Erwartung, daß die Bestellung einer Walhalla à la Parthenon, einer Basilika à la Monreale, eines Boudoirs à la Pompeji, eines Palastes à la Pitti, einer byzantinischen Kirche oder gar eines Bazars in türkischem Geschmacke nicht lange ausbleiben könne, denn er trägt Sorge, daß seine Probekarte an den rechten Kenner komme.

✳

Nur einen Herrn kennt die Kunst, das Bedürfnis. Sie artet aus, wo sie die Laune des Künstlers, mehr noch, wo sie mächtigen Kunstbeschützern gehorcht. Das in jeder und auch in künstlerischer Beziehung wichtigste Bedürfnis eines Volkes ist sein Kultus und seine Staatsverfassung.

✳

Ich meine das Bekleiden und Maskirn sei so alt wie die menschliche Civilisation, und die Freude an beiden sei mit der Freude an demjenigen Thun, was die Menschen zu Bildnern, Malern, Architekten, Dichtern, Dramatikern, kurz zu Künstlern machte identisch. Jedes Kunstschaffen einerseits, jeder Kunstgenuß andererseits, setzt eine gewisse Faschingslaune voraus, um mich modern auszudrücken – der Karnevalskerzendunst ist die wahre Atmosphäre der Kunst. Vernichtung der Realität, des Stofflichen ist notwendig, wo die Form als bedeutungsvolles Symbol als selbständige Schöpfung des Menschen hervortreten soll. Vergessen machen sollten wir die Mittel, die zu dem erstrebten Kunsteindruck gebraucht werden müssen und nicht mit ihnen herausplatzen und elendiglich aus der Rolle fallen.

✳

Das Maskirn aber hilft nichts, wo hinter der Maske die Sache unrichtig ist, oder die Maske nichts taugt; damit der Stoff, der unentbehrliche, in dem gemeinten Sinne vollständig in dem Kunstgebilde vernichtet sei, ist noch vor allem dessen vollständige Bemeisterung vorher notwendig. /54/

Der Architekt – ein Künstler?

Jean Nicolas Louis Durand, 1831   Nicht die Architekten allein haben Gebäude zu erbauen; die Ingenieure aller Klasse, die Offiziere der Artillerie usw. müssen sehr häufig dieses Geschäft besorgen; man kann sogar hinzufügen, daß gegenwärtig die Ingenieure öfter Gelegenheit haben, große Unternehmungen auszuführen, als die eigentlichen Baumeister. Denn in der That haben diese in ihrem Leben oft nichts als Privathäuser zu bauen, während jene, außer denselben Gebäuden, mit deren Ausführung sie in entfernten Departementen beauftragt werden können, wo man selten Architekten trifft, ihrem Stande gemäß berufen sind, Hospitäler, Gefängnisse, Kasernen, Zeughäuser, Magazine, Brücken, Häfen, Leuchtthürme und eine Menge anderer Gebäude erster Wichtigkeit aufzuführen; und sonach sind ihnen Kenntnisse und Talente in der Baukunst wenigstens ebenso nötig als den Architekten von Fache.

✳

Sonach kommt das ganze Talent des Architekten darauf zurück, folgende zwei Aufgaben zu lösen: 1) mit einer gegebenen Summe das möglichst passendste Gebäude aufzuführen, wie bei Privatgebäuden; 2) wenn die Verhältnisse eines Gebäudes gegeben sind, dasselbe mit den geringsten Kosten herzustellen. Aus Allem diesen ist zu entnehmen, daß die Sparsamkeit in der Baukunst nichts weniger als ein Hindernis der Schönheit ist, wie man wohl allgemein glaubt, sondern im Gegentheil deren reichlichste Quelle. /55/

J. C. Loudon, 1835   Die sicherste Voraussetzung, auf die [Architekten] ihre Hoffnungen auf zukünftige Aufträge gründen können, ist der Geschmack der Mittelklassen. Die Zeit für den Bau

150

von Palästen, Burgen und Kathedralen ist vorbei oder fast vorbei, und die für den Bau von Rathäusern, Schulen, Museen, Bibliotheken, Theatern und die Anlage öffentlicher Gärten in allen Städten und Dörfern, mit bequemen und eleganten Wohnhäusern rückt näher. /56/

August Reichensperger, 1856 Venedig und Amsterdam sind bekanntlich im Mittelalter gebaut, und ich wüßte nicht, daß die Architekten, welche diese Prachtstädte dem Meer abgewannen, über die Integral- und Differentialrechnung examinirt oder auf einer Academie gebildet worden wären.

Das ist nach meiner Überzeugung gerade das Hauptunglück unseres ganzen Kunstwesens, daß unter der Menge des Wissens und des Stoffes die Individualität, alles Charakteristische, alle geistige Spannkraft erdrückt oder doch gelähmt wird. Daher kommen, meiner Meinung nach, alle diese todtgeborenen Kunstschöpfungen, denen wir, sei es auf den öffentlichen Plätzen, sei es in den Kunstausstellungen, begegnen. /57/

Robert Kerr, 1864 ›Welchen Architekturstil soll ihr Haus haben?‹ So lautet die Frage, die der Architekt seinem Auftraggeber zumeist am Beginn ihrer Beziehungen stellt, und wenn der Auftraggeber auf diesem Gebiet nicht beschlagen ist, mag er bei der Entdeckung, was ihm da zugemutet wird, etwas erstaunt sein. Instinkt oder Laune sollen ihn dazu bewegen, zwischen einem halben Dutzend sogenannter Hauptstile zu wählen, die sich alle mehr oder minder feindlich gegenüberstehen. ... Sie müssen den Stil Ihres Herzens wählen, so wie Ihre Hutform. /58/

Ludwig Bohnstedt, 1867 Die große Welt hat sich daran gewöhnt, der Wissenschaft die größte Achtung zu zollen, sie betrachtet es nicht als Schande in wissenschaftlichen Fragen ihre Inkompetenz einzuräumen, sie sieht ein, daß in den Fächern der Wissenschaft nicht oberflächliche Kenntnisse, sondern Gründlichkeit gelte und diese nur von Männern erlangt werden könne, die mit Fleiß und Ausdauer für ihr Fach sich vorbereitet und durchgearbeitet haben. So weit das Ingenieurfach als Wissenschaft in Frage kommt, ist es demnach vor Zudringlichkeit

151

gesichert. Anders verhält es sich mit der Kunst, vor allem der Baukunst. /59/

Eugène Emanuel Viollet-le-Duc, 1862 Heutzutage ist der angehende Architekt ein junger Mann von 15 bis 18 Jahren …, den man 6 oder 8 Jahre lang Entwürfe von Gebäuden machen läßt, die meist nur einen entfernten Zusammenhang mit den Bedürfnissen und Gewohnheiten unserer Zeit aufweisen; nie verlangt man von ihm, daß solche Entwürfe auch ausführbar seien, man vermittelt keine, wenn auch nur oberflächlichen Kenntnisse von den Materialien, die uns zur Verfügung stehen, und von ihrer Verwendung, man lehrt ihn keine der Bauweisen, die in den uns bekannten Epochen üblich waren, er erfährt nicht das geringste über die Organisation und Verwaltung der Bauarbeiten. /60/

Reinhard Baumeister, 1876 Concurrenz und Bedürfniß führen sicherer zur Schönheit als amtliche Controlle. /61/

Gustave Flaubert, vor 1880 Architekten – alles Schwachköpfe – sie vergessen immer die Treppe in den Häusern. /62/

William Richard Lethaby, Richard Norman Shaw u. a.: An den Präsidenten und den Rat des Royal Institute of British Architects, London 1892 Wir, die Unterzeichneten, wünschen unsere Auffassungen zu Protokoll zu geben, daß der Versuch, entweder durch einen kürzlich im Parlament eingebrachten Gesetzesentwurf oder eine ähnliche Regelung, aus Architektur einen geschlossenen Beruf zu machen, den Interessen der Architektur als einer schönen Kunst entgegengesetzt ist.

Wir glauben, daß, während man Studenten über Konstruktion und Sanitärtechnik prüfen kann, ihre künstlerische Befähigung, die erst den Architekten ausmacht, nicht als Prüfungsgegenstand genommen werden kann. Ein auf solche Weise erworbenes Architekturdiplom wäre eine trügerische Würde, ebenso nutzlos zur Orientierung der Öffentlichkeit wie irreführend als Gegenstand studentischer Bemühungen. /63/

Internationaler Architektenkongreß in Wien, 1908 [Die Verbände der Privat-Architekten bezeichnen als Architekten nur den] freien, selbständig schaffenden Baukünstler, der gegen prozentuales nach der bestehenden Gebührenordnung festgelegtes Honorar als Vertrauensmann und gewissermaßen als Bauanwalt seines Bauherrn im Rahmen einer gestellten Bauaufgabe die Anfertigung der Entwürfe und Anschläge sowie die Leitung der Bauausführung übernimmt, in keiner Weise dagegen als Unternehmer tätig ist oder als stiller Teilnehmer einer Unternehmerschaft aus einem Baue Gewinn zieht. /64/

Bund Deutscher Architekten, 1903   Der Bund Deutscher Architekten ist die Vereinigung freiberuflich schaffender Architekten. Sinn und Zweck der Vereinigung ist, gemeinsam der Baukultur zu dienen und gemeinsam die hierfür notwendigen fachlichen, ehrenhaften und gesetzlichen Bedingungen herbeizuführen und sie der Allgemeinheit gegenüber zu gewährleisten. /65/

In den weiten, neuen Straßengebieten unserer Städte tritt uns überall der kalte Geschäftssinn, die stumpfe Geistesarmut des Baupfuschertums entgegen. ... hier ist das Reich des auf niederen Fachschulen gebildeten Unternehmers, der sich ungestraft den Namen eines Architekten zulegt, ... und die Bedauernswerten unseres Standes, die durch die Not getrieben, für diese Leute arbeiten, müssen sich mit kärglichem Lohn begnügen. /66/

Aufbruch zum Neuen Bauen

Architekt – Bauherr – Gesellschaft

William Morris, 1881   Die Architektur umfaßt die gesamte physische Umwelt, die das Leben umgibt; wir können uns ihr nicht entziehen, solange wir der bürgerlichen Gesellschaft angehören, denn die Architektur ist die Gesamtheit der Umwandlungen und Veränderungen, die im Hinblick auf die Bedürfnisse der Menschen auf der Erdoberfläche, mit Ausnahme der reinen Wüstengebiete, vorgenommen werden. /67/

Louis Henry Sullivan, 1901   ... so bewirkt der Architekt das Bauwerk durch sein Handeln in der Gesellschaft. ... Andererseits aber ist der Architekt ein Produkt der Gesellschaft, ein Produkt unserer Zivilisation ... so nähern wir uns ihm von zwei Seiten –

153

Un art, qui a la vie,
ne restaure pas les monuments du passé,
Auguste Rodin

als einem Produkt und als einem Agens. Natürlich komme ich so auf einmal zu seiner wirklichen, nämlich zweiseitigen Funktion: zu interpretieren und zu initiieren! ... Also ist die wirkliche Funktion des Architekten, solche Bauwerke zu initiieren, die den realen Bedürfnissen der Menschen entsprechen ..., denn der wahre Architekt ist zuerst, zuletzt und alle Zeit kein Kaufmann, Makler, Gewerbetreibender, Geschäftsmann oder dergleichen, sondern ein Poet, der nicht Worte sondern Baumaterialien als Ausdrucksmittel verwendet.

✳

Die Architektur ist nicht einfach eine Kunst, die man mit mehr oder minder Erfolg ausüben kann, sie ist eine soziale Manifestation. Wenn wir wissen wollen, warum gewisse Dinge in unserer Architektur so und nicht anders sind, müssen wir aufs Volk schauen; denn in ihrer Gesamtheit sind unsere Bauten ein Abbild unseres Volkes in seiner Gesamtheit, wenn sie auch im einzelnen die individuellen Abbilder derer sind, denen das Volk seine Baukraft übertragen und anvertraut hat. In diesem Lichte gesehen wird das kritische Studium der Architektur in Wirklichkeit zum Studium der sozialen Verhältnisse, die sie hervorbringen. /68/

Hendrik Petrus Berlage, 1905 Wir können konstatieren, daß ein Anfang mit dem langen Weg gemacht ist, der zu einem architektonischen Stil führt, und ich glaube, daß nichts mehr diese Bewegung aufhalten kann. Es scheint sogar, daß die Architektur die Kunst des zwanzigsten Jahrhunderts sein wird, eine Überzeugung, die ich ebenfalls aus den gesellschaftlichen und geistigen Erscheinungen der Gegenwart heraushole. Denn mit dem Wachstum der Arbeiterbewegung wächst auch jene Kunst, die der Mensch, das ganze Volk zusammengenommen, am wenigsten entbehren kann, die ihm am nächsten liegt und das ist die Baukunst. Die Baukunst wird dann wieder den ersten Rang unter den Künsten einnehmen, gerade weil sie die eigentliche Volkskunst ist, nicht die Kunst des einzelnen, sondern die **154** Kunst aller, die Kunst der Gemeinschaft, in der sich der Zeitgeist widerspiegelt; denn zur Herstellung eines Bauwerks ist doch die ganze Nutzkunst, und mit ihr sind doch alle Arbeiter nötig. Sie fordert ein Zusammenwirken aller Kräfte, und diese können nur geistig verwendet werden bei ökonomischer Unabhängigkeit aller. Sie, die Baukunst, ist die Manifestation des äußersten Könnens eines ganzen Volkes. /69/

Hermann Muthesius, 1907 Unsere heutige, mit der Hausgestaltung zusammenhängende Fachausbildung begeht den großen Fehler, daß sie das sogenannte Künstlerische in einer stereotypierten angewandten Form gibt, ohne an eine allgemeine Kunsterziehung zu denken. Es wäre aber weit weniger verhängnisvoll,

155

Louis H. Sullivan, Porträtfoto, um 1900
(Museum of Modern Art, New York)

die allgemeine Kunsterziehung allein zu geben, als den Kopf des Schülers mit äußerlichen Formen, mit Regeln und Rezepten vollzupfropfen. Regeln haben in der Kunst immer zu Vertrocknetheit geführt. ... Dieser Kunstunterricht, der nicht im Kopieren und Anwenden vorhandener architektonischer Formen bestehen kann, sondern sich vielmehr mit den Grundproblemen der Komposition und den einfachsten Vorstellungen in der Raumgestaltung beschäftigen muß, fehlt an unseren heutigen Architekturschulen noch. Solange dies der Fall ist, werden die Künstler unter den Architekten nicht durch die Schule, sondern trotz der Schule entstehen. Dagegen werden die Schulen fortfahren, jenes Heer von subalternen Zünftlern auf den Schauplatz des Lebens zu senden, das unser Land seit zwanzig Jahren mit geschmacklosen Maskeradehäusern und mißverstandenen Formenzusammenstellungen verunziert. /70/

Otto Bartning, 1919 [Der Architekt] muß vielmehr den Abstand zwischen sich und der Aufgabe, zwischen sich und dem die Aufgabe verkörpernden Bauherrn ganz überspringen, muß sich so mit ihm gleichsetzen, wie der Dichter mit seinen Gestalten, wie der Schauspieler mit seinen Rollen. /71/

Rationale Konzepte

Otto Wagner, 1894 ›Artis sola domina necessitas‹ Fragen Sie daher immer, wenn Sie an die Lösung einer Aufgabe gehen, wie wird dieselbe den Zeitgenossen, dem Auftrage, dem Genius Loci, den klimatischen Verhältnissen, dem vorhandenen Materiale und den pekuniären Mitteln entsprechen? Nur so können Sie hoffen, wahre Anerkennung hervorzurufen und die Werke der Architektur, welche heute zum allergrößten Teil nur dem Unverständnis oder einer gewissen Scheu begegnen, werden allgemein verständlich, originell, ja sie werden populär werden.

✳

Mühsam und dornenvoll ist unser Lebenspfad, aber er ist auch der schönste. Schon vor mir hat es einer gesagt, daß der Architekt in seiner glücklichen Vereinigung von Idealismus und Realismus die Krone der modernen Schöpfung sei – ich aber füge hinzu, daß seine schaffende, gebärende Natur ihn weit über das Niveau der Alltäglichkeit erheben muß. Zwei Dinge sind es, die Ihnen angeboren sein müssen: ›Geschmack und Phantasie‹ – eifriges Studieren und Erfahrung müssen sich dazugesellen, sollen aus Ihnen Architekten werden, wie sie die heutige Zeit fordert. /72/

Charles Francis Amesley Voysey, 1906 Für das Entwerfen empfehle ich folgende Methode: man schreibe alles auf, was der Bau verlangt, und zwar in der Reihenfolge der Wichtigkeit; dann alle Bedingungen, denen der Bau zu genügen hat. Aus diesen beiden Listen wird eine dritte sich ergeben; eine Liste der Materialien. Und nun muß man die ewige Frage stellen: warum tun wir das überhaupt? Der Grund, das Warum soll der Schlüssel für die Melodie der Gedanken sein, der Schlüssel und der Rhythmus für das Lied. /73/

Louis Henry Sullivan, 1896 Alle Dinge in der Natur haben eine Gestalt, mit anderen Worten eine Form, eine äußere Erscheinung, welche uns sagt, was sie sind, wie sie sich unterscheiden von uns selbst und von einander. ... Sei es nun der kreisende Adler im Flug oder die Apfelblüte, das arbeitende Lastpferd, die sich verästelnde Eiche, der sich windende Fluß, die treibenden Wolken, über allem die Sonne im Auf- und Untergang. Form folgt immer Funktion, und dies ist ein Gesetz. ... Wo kein Wechsel der Funktion, da auch kein Wechsel der Form. /74/

Frank Lloyd Wright O ja, junger Mann, beachten Sie durchaus, daß ein Haus eine Maschine zum darin leben ist – doch im gleichen Sinne ist ein Herz eine Saugpumpe. Der fühlende Mensch beginnt erst dort, wo diese Vorstellung vom Herzen aufhört. Beachten Sie wohl, daß ein Haus eine Maschine ist, in der man lebt, aber die Architektur beginnt dort, wo diese Vorstellung vom Haus aufhört. Alles Leben ist in rudimentärem Sinne Maschinerie, und trotzdem ist Maschinerie das Leben von gar nichts.

157

Es ist nicht wünschenswert, alles im Leben zu kommerzialisieren, nur weil das Schicksal sie zufällig ins Maschinenzeitalter hineingestellt hat. Zum Beispiel geht die Architektur heute als Prostituierte auf die Straße, weil die Frage, ›den Auftrag zu kriegen‹, der erste Grundsatz der Architektur geworden ist. In der Architektur sollte der Auftrag den Mann suchen und nicht der Mann den Auftrag.

✳

Wir wissen, daß man dem Leben vertrauen kann. Wir wissen, daß die Interpretation des Lebens die wahre Funktion der Architektur ist, weil wir wissen, daß Gebäude für das Leben gemacht werden, damit man darin lebt, daß sie entworfen werden, um zu diesem Leben Freude und lebendige Schönheit beizutragen. /75/

Henry van de Velde, 1901 Es gibt eine Klasse von Menschen, denen wir den Künstlertitel nicht länger vorenthalten können. Ihr Werk stützt sich einerseits auf die Benutzung von Stoffen, deren Verwendung vorher unbekannt war, andererseits auf eine so außerordentliche Kühnheit, daß die Kühnheit der Erbauer der Kathedralen von ihnen noch übertroffen wird. Diese Künstler,

Otto Wagner, Porträt, Radierung von Gottlieb von Kempf
(Ausschnitt) (Staatliche Kunstsammlungen Dresden,
Kupferstich-Kabinett)

159

Henry van de Velde als Direktor
der Weimarer Kunstgewerbeschule

die Schöpfer der neuen Architektur, sind die Ingenieure. Die Seele dessen, was diese Menschen schaffen, ist die Vernunft, ihr Mittel die Berechnung, und die Folgen ihrer Anwendung von Vernunft und Berechnung kann die sicherste und reinste Schönheit sein! Daß man solchen Männern bisher den Künstlertitel verweigert hat, ist schon deshalb erstaunlich und grotesk, weil die, welche vorher die Aufgabe erfüllten, die sie jetzt übernommen haben, auf ihn Anspruch erheben. /76/

Otto Wagner, 1912 Richtiges begeistertes Kunstempfinden, mit der Macht, die Kunst zu fördern, in einer Person vereint, wie dies früher so häufig der Fall war, ist heute leider nicht möglich, da die Macht der Allgemeinheit also Parlamenten, Gemeinden etc. etc. übertragen wurde, Kunstempfinden aber auf diese nicht übertragen werden kann. /77/

Alte Ideale und eine neue Wirklichkeit

Adolf Loos, 1898 Der künstler aber, der architekt, fühlt zuerst die wirkung, die er hervorzubringen gedenkt, und sieht dann mit seinem geistigen auge die räume, die er schaffen will. Die wirkung, die er auf den beschauer ausüben will, ... – diese wirkung wird hervorgerufen durch das material und die form. /78/

Kammergericht Berlin, 1912 Nach der heutigen Anschauung werden zur Ausübung des Architektenberufs weder eine höhere allgemeine, auf einer technischen Hochschule gewonnene Bildung, noch besondere, hervorragende baukünstlerische Eigenschaften erfordert. Die Architektur wird vielmehr als ein Gewerbe betrachtet, ohne daß dabei an eine hohe baukünstlerische Vorbildung oder eine besondere künstlerische Befähigung gedacht wird.

In diesem Sinne wird nicht nur von Bau-, sondern auch von Möbel- und Gartenarchitekten gesprochen, und der Architekt wird weniger als Künstler, sondern mehr als Gewerbetreibender angesehen. Man versteht darunter einen Fachmann, der Entwürfe, Zeichnungen von Gebäuden, Möbeln, Gärten usw. in **160** mehr oder weniger geschmackvoller Weise anfertigen kann, ohne daß er des Nachweises einer besonderen künstlerischen Vorbildung bedarf. /79/

Peter Behrens, 1917 Kunst entsteht nur durch Eingebung starker Individualitäten und ist die freie, durch materielle Bedingungen unbehinderte Erfüllung psychischen Dranges. Sie entsteht nicht als Zufälligkeit, sondern als Schöpfung nach dem intensiven und bewußten Willen des befreiten, menschlichen Geistes. /80/

Adolf Loos im Gespräch mit Karel Lhota
Ich entwerfe keine grundrisse, fassaden, schnitte, ich entwerfe raum. Eigentlich gibt es bei mir weder erdgeschoß, obergeschoß, noch keller, es gibt nur miteinander verbundene räume, vorzimmer, terrassen. /81/

Frank Lloyd Wright Ich bin hier, um Ihnen zu versichern, daß der Umkreis der Architektur sich tatsächlich mit erstaunlicher Schnelligkeit verschiebt, daß jedoch ihr Zentrum unverändert bleibt. Oder bin ich nur dazu hier, um Ihnen die beruhigende Versicherung zu geben, daß die Architektur ewig zu sich selbst zurückkehrt, um neue Formen zu erzeugen, damit sie ewig weiterzuleben vermag? … Das Zentrum der Architektur bleibt unverändert, weil die Schönheit – mag sie auch nicht eingestanden oder schlecht verborgen werden – nach wie vor das wahre Ziel des rationalen modernen, architektonischen Strebens ist, genau wie die Schönheit das entscheidende Merkmal der Architektur selbst bleibt. Doch heute begreift der Moderne infolge seiner wissenschaftlichen Erkenntnisse die Schönheit deutlich als integrierte Ordnung; Ordnung von der menschlichen Empfindungsfähigkeit als ein Abbild erahnt; Ordnung von der Vernunft erfaßt und von der Technik ausgeführt.

Architekten scheinen heute nur noch eines gemein zu haben – nämlich etwas verkaufen zu wollen: um genau zu sein, sich selber. Natürlicherweise ist schließlich das, was verkauft wird, hauptsächlich sie selber. Auf Architektur kommt es ihnen dabei nicht an. /82/

161

Architektur, aufgefaßt als die Kunst,
die Formen eines Bauwerks,
nach festgelegten Gesetzen anzuordnen, ist erledigt.
Antonio Sant'Elia

Das Neue Bauen ...

Über das Verhältnis des Architekten zur Gesellschaft

Erster Deutscher Architektentag, 27. Juni 1919 Uns alle, die wir unser Leben dem Bauen weihen, eint das gleiche Ziel: wir wollen die Sehnsucht nach Schönheit gestalten, wollen, daß der Herzschlag des Volkes in der höchsten Kunst, der Baukunst, sichtbar wird. Der Architekt soll wieder, wie einst in großen Zeiten, Führer und Herr der Bildenden Künstler sein nach der inneren Bedeutung des Wortes ›Architekt‹. /83/

Katalog zur »Ausstellung für unbekannte Architekten« im Graphischen Kabinett J. B. Neumann, Berlin Architekten, Bildhauer, Maler, wir alle müssen zum Handwerk zurück! Denn es gibt keine ›Kunst von Beruf‹. Künstler sind Handwerker im Ursinn des Wortes, und nur in seltenen, gnadenreichen Lichtmomenten, die jenseits ihres eigenen Willens stehen, kann unbewußt Kunst aus dem Werk ihrer Hände erblühen. Es gibt ja heute noch keine Architekten. Wir alle sind nur Vorbereitende dessen, der einmal wieder den Namen ›Architekt‹ verdienen wird, denn das heißt: Herr der Kunst, der aus den Wüsten Gärten bauen und Wunder in den Himmel türmen wird. /84/

Le Corbusier, 1923 Die Kunst unserer Zeit ist an ihrem Platz, wenn sie sich an die Elite wendet; ... die Kunst ist ihrem Wesen nach aristokratisch [hautaine]. /85/

Hugo Häring, 1925 Wir wissen, daß wir unsere gesinnung offenbaren, wenn wir bauen.

✳

Deshalb ist es wichtiger, die verlorene bauherrschaft wieder aufzufinden und aufzurichten, welche die bauaufgabe in einem höheren als nur technischem verstande stellt. Es fehlen die bauherren. Der baurat ist kein bauherr; der baurat baut, was der baurat will, d. h. er denkt vom fach aus. Eben das ist falsch. Eben das versperrt dem bauen den weg zu neuen gestaltungen. Gewiß ist der architekt heute ganz allgemein in die notlage versetzt, selbst die probleme der bauherrschaft aufzustellen, weil die bauherren

162

keine bauherren mehr sind, weil sie außer dinglichen ansprüchen keine geistigen ansprüche mehr zu stellen haben. Woraus ja auch die not der baukunst stammt. /86/

Theo van Doesburg, 1925 Architektur bedeutet nicht nur ein Haus, eine Fabrik, einen Häuserkomplex, eine Siedlung, son-

163

Frank Lloyd Wright, Porträtfoto (The F. L. Wright Memorial
Foundation, Taliesin West, Scottsdale)

dern sie bedeutet vielmehr: den Gesamtausdruck aller unserer physisch-geistigen Bedürfnisse; kurz den Gesamtausdruck unseres Lebens. /87/

Congrès Internationaux d'Architecture Moderne (CIAM), Erklärung von La Sarraz, 1928 Die Aufgabe des Architekten ist es deshalb, sich in Übereinstimmung zu bringen mit den großen Tatsachen der Zeit und den großen Zielen der Gesellschaft, der sie angehören, und ihre Werke danach zu gestalten. Sie lehnen es infolgedessen ab, gestalterische Prinzipien früherer Epochen und vergangener Gesellschaftsstrukturen auf ihre Werke zu übertragen, sondern fordern eine jeweils neue Erfassung einer Bauaufgabe und eine schöpferische Erfüllung aller sachlichen und geistigen Ansprüche an sie.

Sie sind sich bewußt, daß die Strukturveränderungen, die sich in der Gesellschaft vollziehen, sich auch im Bauen vollziehen und daß die Veränderung der konstitutiven Ordnungsbegriffe unseres gesamten geistigen Lebens sich auch auf die konstitutiven Begriffe des Bauens bezieht. So wird es ihnen eine Selbstverständlichkeit, daß sie ihre besondere Aufmerksamkeit auf neue Baustoffe, neue Konstruktionen und neue Produktionsmethoden richten und daß sie ihre Sorgen allen Fragen im Bereich ihres Berufs zuwenden, die eine Förderung ihrer Arbeit in Aussicht stellen. /88/

Moissej Jakowlewitsch Ginsburg, 1928 Ein Umstand, der die Arbeit des modernen Architekten in Rußland ganz besonders fördern wird, ist das Auftreten einer neuen Gruppe von Auftraggebern: Das ist die Masse der Arbeiter, die frei von geschmacklichen Vorurteilen und an keine Tradition gebunden sind, wie sie das Denken des Kleinbürgertums so ausschlaggebend beherrscht. Die Millionen der Arbeiter sind schon infolge ihrer wirtschaftlichen Lage, kein Freund von Nippessachen, ornamentalen Schnörkeln und Heiligenbildern, jener tausend Nutzlosigkeiten, die die bürgerliche Wohnung füllen. Diese Arbeitermillionen sind alle ohne Zweifel Anhänger der modernen **164** Architektur. /89/

Bruno Taut, 1936 Die Architektur ist nicht nur eine Kunst, die die Gesellschaft im höchstem Maße angeht; ihr Zustandekommen selbst ist ein gesellschaftliches, und sie ist in diesem Sinne eine durchaus kollektive Kunst. /90/

Hannes Meyer, 1932 Der Architekt verkauft das Produkt seiner geistigen Arbeit, und daher ist er in höherem Maße von seinen Auftraggebern abhängig als der Wursthändler von seiner Kundschaft. Als geistiger Arbeiter steht er ideologisch in viel stärkerer Hörigkeit zur herrschenden Klasse als der körperliche Arbeiter … Der fortschrittliche Architekt ist gesellschaftlich verpflichtet, seine eigene Lage inmitten der Wirtschaftskrise rückhaltlos zu analysieren und folgerichtig eine klare Stellung im Klassenkampf zu beziehen. Es gibt für ihn keinen Standort seitwärts der Barrikade. Er muß wählen zwischen hüben und

165

Hannes Meyer, Ansprache zur Einweihung der
Gewerkschaftsschule in Bernau, 1930
(Hochschule für Architektur und Bauwesen Weimar)

drüben, zwischen Sozialismus und Kapitalismus. Der fortschrittliche Architekt tritt als aktiver Kämpfer in die Front des revolutionären Proletariats. /91/

Hannes Meyer, 1939 Der Architekt ist mithin ein Ordner und Gestalter des Lebensprozesses seiner Gesellschaft.

Er studiert ihre materiellen und seelischen Bedürfnisse und übersetzt sie in die plastische Wirklichkeit. ...

Der Architekt ist ein Künstler, denn alle Kunst ist Ordnung, das heißt: in neue Ordnung übertragene Wirklichkeit. ...

Wir sind uns hoffentlich einig, daß die vielgepriesene Muse der Architektur, die Mutter aller Künste, keine Prostituierte ist!

Die Architektur ist – wie alle Künste – eine Angelegenheit der öffentlichen Moral.

Der Architekt erfüllt eine sittliche Funktion, indem er seine Bauaufgabe mit Unerbittlichkeit und Wahrheitsliebe analysiert und ehrlich und kühn als Bauwerk realisiert. /92/

Der Architekt als individueller Künstler

Le Corbusier, 1922 Die Durchbildung der Form ist der Prüfstein für den Architekten. Dieser erweist sich an ihr als Künstler oder als einfacher Ingenieur.

∗

Die Ingenieure sind gesund und männlich, aktiv und nützlich, moralisch und fröhlich. Die Architekten sind enttäuscht und untätig, schwatzhaft oder griesgrämig. Warum? Weil sie bald überhaupt nichts mehr zu tun haben werden. Wir haben kein Geld mehr dafür, historische Erinnerungen aufzuwärmen. Wir müssen uns dringend von allem säubern. Die Ingenieure sorgen dafür, sie werden bauen. /93/

Le Corbusier, 1929 Die Architektur ist das Ergebnis der geistigen Situation einer Epoche. ... aber das Werk selbst – die geistige Schöpferkraft, die sich so stark in der Architektur verkörpern kann – wird immer nur das Produkt eines einzigen

166 Mannes sein; ...

Die gesamte Verantwortung ruht auf jedem unter uns. Doch in den Stunden der Entscheidung und an gefährlichen Wendepunkten tritt das Individuum stärker als sonst hervor. /94/

Ludwig Mies van der Rohe, 1930 Die neue Zeit ist eine Tatsache; sie existiert ganz unabhängig davon, ob wir ›ja‹ oder ›nein‹ zu ihr sagen. Aber sie ist weder besser noch schlechter als irgendeine andere Zeit. Sie ist eine pure Gegebenheit und an sich wertindifferent; deshalb werde ich mich nicht lange bei dem Versuch aufhalten, die neue Zeit deutlich zu machen, ihre Beziehungen aufzuzeigen und die tragende Struktur bloß-zu-legen. Auch die Frage der Mechanisierung, der Typisierung und Normung wollen wir nicht überschätzen. Und wir wollen die veränderten wirtschaftlichen und sozialen Verhältnisse als eine Tatsache hinnehmen.

Alle diese Dinge gehen ihren schicksalhaften und wertfreien Gang. Entscheidend wird allein sein, wie wir uns in diesen Gegebenheiten zur Geltung bringen. Hier erst beginnen die geistigen Probleme. Nicht auf das ›Was‹, sondern einzig und allein

167

Le Corbusier in Moskau 1928,
Foto mit A. Burow, A. Wesnin und anderen
(Fondation Le Corbusier, Paris)

auf das ›Wie‹ kommt es an. Daß wir Güter produzieren und mit welchen Mitteln wir fabrizieren, besagt geistig nichts. … Wir haben neue Werte zu setzen, letzte Zwecke aufzuzeigen, um Maßstäbe zu gewinnen. Denn Sinn und Recht jeder Zeit, also auch der neuen, liegt einzig und allein darin, daß sie dem Geist die Voraussetzung, die Existenzmöglichkeit bietet. /95/

Hans Poelzig, 1931   Der empfindende Laie läßt sich von einem begabten Künstler eher ein völlig unpraktisches Haus aufschwatzen, das die von ihm geliebte Form zeigt, als daß er in eine praktische, ihm formlos erscheinende Behausung hineingeht, er sucht eine Steigerung seines seelischen Lebens. …

Der Laie, der Vollmensch ist, voll Empfindung und Musikalität baut besser als jeder fachmännisch verkrampfte Architekt.

Le Corbusier, Skizze aus »La Ville radieuse«,
Paris 1964

Bauen ist eine menschliche Angelegenheit, sie verträgt kein Ästhetentum und kein Spezialistenwesen. ...

✳

Eine straffe Zentralisierung baulichen künstlerischen Schaffens wird die Lebendigkeit des Bauschaffens immer vernichten, wer genötigt ist, Jahrzehnte hindurch eine große Anzahl von Bauten gleicher Art zu errichten, wird Spezialist, und ein Spezialist baut nicht mehr, sondern fabriziert sozusagen ...

Und wer Jahrzehnte lang z. B. selbst Wohnhaustypen abwandelt, kann glaube ich, schließlich seine Sachen selbst nicht mehr gern sehen, weil sie unlebendig werden müssen, und die andern mögen sie schon gar nicht sehen. ... Und Architekt sein, heißt,

169

Ludwig Mies van der Rohe als Bauhausdirektor in Dessau
(Hochschule für Architektur und Bauwesen Weimar)

nicht Fachmann sein, nicht Spezialist, sondern Mensch, Kämpfer sein für alles Menschliche – dann wird uns die Form von selbst zufallen. Und über die neue Form, die künftige Architektur, wie wir sie alle ersehnen, entscheiden nicht noch so große Errungenschaften der Wissenschaften, der Technik – darüber, über ihren Wert und ihre Dauer entscheidet nichts als die kulturelle Entwicklung der Menschheit. /96/

Adolf Loos, 1931 Die Baukunst ist durch den Architekten zur graphischen Kunst herabgesunken. Nicht der erhält die meisten Aufträge, der am besten bauen kann, sondern der, dessen Arbeiten sich auf dem Papier am besten ausnehmen. Und diese beiden sind Antipoden … Unsere ganze neue Architektur ist am Reißbrett erfunden, und die so entstandenen Zeichnungen werden plastisch dargestellt, ähnlich wie man im Panoptikum Gemälde stellt. /97/

Alvar Aalto, 1933 Ich will Dir was im Vertrauen sagen: Wenn Du als Architekt Erfolg haben willst, mußt Du eine Art Hochstapler sein! – Ganz im Ernst, man muß Seiltanzen können und viele Dinge machen, die Du auf Hochschulen niemals lernst – Dinge, die aber beinahe wichtiger sind als das, was Du da hörst. /98/

Bruno Taut, 1936/37 Es scheint demnach, daß der gute Architekt ein Mann ist, der es in erster Linie mit der Proportion zu tun hat.

Und es scheint, daß die Proportion den Architekten erst zu einem Architekten macht und daß Technik, Konstruktion und Funktion erst durch die Proportion zu architektonischen Kunstmitteln werden.

Je mehr Freiheit die Architekten innerhalb ihrer sachlichen Grenzen erhalten haben, um so besser waren ihre Arbeiten. Die Sache läuft auf etwas ganz Einfaches hinaus, nämlich darauf, den Architekten, den man einmal gewählt hat, möglichst frei arbeiten zu lassen und ihn darüber hinaus so weit wie möglich durch die Gewährung der nötigen Hilfsmittel zu unterstützen. /99/

170

Erneuerung der Architektur durch Wissenschaft, Technik und kollektives Schaffen

Jacobus Johannes Pieter Oud, 1917 Zusammenfassend gelangen wir zu dem Schluß ..., daß das Kunstwerk auf maschinellem Wege, doch mit völlig neuen Materialien erzeugt werden wird, wobei das Einzelwerk, wie wir es kennen, hinfällig wird. /100/

Jacobus Johannes Pieter Oud, 1925 Ich verkündigte, daß die Künstler sich in den Dienst der Maschine stellen müßten, doch es wurde mir bewußt, daß die Maschine Dienerin der Kunst sein soll.

✳

Ich lernte in der Schule, daß ein rationalistischer Baumeister ist, wer die Konstruktion ehrt, doch mir wird der Architekt erst zum Rationalisten, wenn er den Zweck achtet. Ich halte es für ausgemacht, daß eine neue Baukunst nur auf dem Boden rationeller Prinzipien entstehen kann, doch der Rationalismus ist mir der Gegenpol zur Kunst. /101/

Martin Wagner, 1919 Die Parole für den Architekten heißt darum: zurück in den Baubetrieb. Das Ideal der ›Selbständigkeit‹ und Unabhängigkeit des Privatarchitekten wurde krampfhaft und künstlich gepflegt in bewußtem Gegensatz zu einem handwerklich untüchtigen und unsoliden Unternehmertum. Wird dieses Unternehmertum beseitigt, dann fällt auch die außerhalb des Baubetriebes stehende Anwaltstellung des Architekten. Es gibt dann keinen Grund mehr, der den Architekten davon abhalten könnte, sich als künstlerischer Leiter und Führer an die Spitze eines Baubetriebes zu stellen. /102/

Le Corbusier, 1926 Die Lehre, die das Flugzeug erteilt, liegt nicht so sehr in der gestalteten Form ..., die Lehre ... liegt in der Logik, die bei der Aufstellung des Programms die Weisungen erteilte und zu seiner erfolgreichen Verwirklichung führte. Man muß lernen, in einem Flugzeug nicht einen Vogel oder eine Libelle, sondern eine Maschine zum Fliegen zu erblicken. /103/

171

Er erfand, unter dem Vorwand der Funktion wie der Logik,
wundervoll willkürliche Formen
André Malraux über Le Corbusier

Hans Schmidt, 1927 Das Bauen hat aufgehört, eine Sache der Kunst zu sein. ... Das Bauen hat aufgehört, Gestaltung irgendeiner Schönheit an sich zu sein. ...

Das Bauen hat aufgehört, eine Sache der Luxusentfaltung des Einzelnen oder einer einzelnen Schicht zu sein. ...

Das Bauen hat begonnen, seine besten Kräfte aus der produktiven Arbeit der Technik und der sie unterstützenden Wissenschaften zu ziehen. ...

Das Bauen hat begonnen, sich dem Tempo des heutigen Lebens ebenso zu unterwerfen wie unsere Kleidung, unsere Installationen, unsere Fahrzeuge, unsere Fabrikstätten. ...

Das Bauen hat begonnen, möglichst neutrale, allgemeingültige Typen für ein Maximum an Anforderungen zu schaffen, zu vereinfachen, zu normalisieren.

Wir Architekten stehen dieser Entwicklung immer noch im Wege. /104/

Hannes Meyer, 1933 Ich projektiere nie allein. Alle meine Bauentwürfe sind von Anbeginn an aus der Zusammenarbeit mit Dritten entstanden. Deshalb halte ich die Auswahl geeigneter Mitarbeiter für den wichtigsten Akt der Vorbereitung einer schöpferischen Leistung in der Architektur.

Je gegensätzlicher die Fähigkeiten der einzelnen Mitglieder einer Entwurfsbrigade, um so leistungsfähiger und schöpferischer ist sie. /105/

Iwan Iljitsch Leonidow, 1934 Der Architekt darf an die Bautechnik nicht nur vom eng konstruktiven Standpunkt herangehen. Er muß, mit Verlaub zu sagen, die Möglichkeit der Bautechnik philosophisch erfassen. Er muß aus dem vorhandenen Material neue Formen und Konstruktionen schaffen. ... An der Entwicklung der Produktion der Baumaterialien und Konstruktionen muß der Architekt am unmittelbarsten beteiligt sein. Er muß in diesem Industriezweig konsultierend und sogar kontrollierend wirken. /106/

Alexander Alexandrowitsch Wesnin, 1934 Also ist echter Funktionalismus im wesentlichen lediglich eine Wiedergeburt des

172

schon seit jeher in der Architektur bestehenden Primats der Funktion (wobei darunter nicht nur die utilitäre, sondern auch die künstlerische und soziale Bestimmung des Gebäudes zu verstehen ist) über den scholastischen dekorativen Akademismus, aber eine Wiedergeburt auf wesentlich erweiterter und komplizierterer Grundlage des Menschen von heute, des Bürgers eines sozialistischen Landes. /107/

... und die Konservativen

Friedrich Ostendorf, 1914 Würde man eine Anzahl von deutschen Architekten fragen, was sie unter »Entwerfen« verstehen, man würde, wenn überhaupt eine verständliche, so doch überall eine anderslautende Antwort erhalten.

Fragt aber der gebildete Architekt die alte Kunst, was sie unter Entwerfen verstand, so erhält er zum Schluß die Antwort, daß Entwerfen heißt: die einfachste Erscheinungsform für ein Bauprogramm finden, wobei ›einfach‹ natürlich mit Bezug auf den Organismus und nicht etwa mit Bezug auf das Kleid zu verstehen ist. /108/

Heinrich Tessenow, 1916 Wir können die Kunst locken oder sonst allerlei Freundliches für sie tun; aber im Grunde genommen kommt sie selbstverständlich oder sie kommt überhaupt nicht; nur das Handwerk, das zuerst nennenswerte Schaffen, ohne daß uns die Kunst nicht sein kann, kommt nicht selbstverständlich, sondern will sehr gewollt sein, will sehr gelernt sein, fordert das Verständliche, den Verstand ganz extra; überall wo wir suchen, daß wir uns verständigen, so wollen wir heute auch ungeheuer viel Handwerkliches.

Ob uns dann nach dem vielen Handwerklichen auch die große Kunst folgen wird, ist allerdings so unsicher wie es unsicher ist, daß ein ungestümer und mutiger Jüngling ein großer Mann wird, beweisen läßt sich das nicht, hier kann uns nur unsere Hoffnung trösten, die allerdings sehr berechtigt ist, ... /109/

173

Für uns hat das Werk eines Künstlers keinen Wert ›an und für sich‹, keinen Selbstzweck, keine eigene Schönheit; alles dies erhält es nur durch seine Beziehungen zur Gemeinschaft.
El Lissitzki

Heinrich Tessenow, 1919 Das Butterbrot ist uns entsetzlich wichtig, aber das Märchenerzählen ist uns auch entsetzlich wichtig. /110/

German Bestelmeyer, 1924 Schon der ganze Studienplan des Architekten ist darauf eingestellt, daß er zuviel studieren und lernen muß, was er später nicht braucht, und was er braucht, lernt er zu wenig.

Die Leute wissen zuviel, wenn sie von der technischen Hochschule kommen, aber sie können zu wenig, und Können ist für uns mehr wert als Wissen. Und wenn man sehr genau zusieht,

174

Heinrich Tessenow, Porträtfoto
(Sächsische Landesbibliothek, Dresden)

175

Heinrich Tessenow, Einfamilienhaus, Entwurf,
aus: Heinrich Tessenow: Hausbau und dergleichen,
München 1938

wird man sein Urteil dahin revidieren müssen, daß es leider auch mit dem Wissen sehr locker aussieht. /111/

Friedrich von Thiersch, 1925 In dieser gemeinsamen Arbeit [von Architekt und Ingenieur] liegt ein Segen. Die Trennung von Ingenieur- und Hochbaukunst ist eine minderwertige Erfindung. Die beiden Berufe waren früher eins, und nur die Vielfächerei unseres Schulwesens hat sie zu Unrecht auseinandergerissen. Die Entwicklung der Technik hat zu dem Glauben geführt, daß im Gebiet des Ingenieurbaus die ›Kunst‹ keine Heimat habe. Das ist längst überwunden und unsere Zeit sieht ein, daß jedes Werk menschlicher Konstruktion künstlerischen Charakter hat. /112/

Paul Schmitthenner, 1932 Wenn du ein Haus aufzeichnest, vergesse nicht, daß du kein Graphiker bist, sondern ein Baumeister. Jeder Strich, den du zeichnest, ist der Anfang einer Verantwortung und legt dir Verpflichtungen auf. Beim Graphiker bleibt der Strich ein Strich und bekommt erst Leben und Bedeutung mit vielen anderen Strichen. Dein Strich soll aber erst umgesetzt werden in erdenfeste Dinge um Leben zu werden. Darin muß sich deine Zeichnung von der des Graphikers unterscheiden, und das sollte man ihr darum auch wohl ansehen. Man sollte ihr aber vor allem ansehen, wie das Haus gedacht ist und wie alles gemacht werden soll und daß du nicht mit Strichen, sondern mit Stein, Holz und dergleichen gestaltest. Eine solche ›technische Zeichnung‹ hat ihre eigene Schönheit. Von dem Papier ist ein weiter Weg zum fertigen Bau. Man sieht aber schon auf dem Papier, ob der Weg ein bedachter und gewollter, oder nur ein Zufallsweg sein wird.

✳

Und jeder ›Bourgeois‹ findet seine Architekten, und jeder Architekt hat den Bauherrn, den er verdient. /113/

Eugen Hönig, 1933 Es muß in unseren Reihen Schluß gemacht werden mit der Auffassung, daß die Kulturträger, als die wir uns ja vornehmlich betrachten, nur ihrer Kulturaufgabe zu leben brauchten. ... Die entscheidende Rückkehr des Technikers und

176

Künstlers zum Mitbestimmer und Wahrer der politischen Macht muß erfolgen. ... Wir Architekten sind nicht nur Häuserbauer, wir sind begabte Organisatoren, die mit politischen Aufgaben befaßt, genau so klar und schön disponieren können wie im Baubüro. ...

Unser Ziel ist die Wiederherstellung des ›Deutschen Baumeisters‹. Der ›Architekt‹ ist ein blutleerer Begriff und dem Volke nie so recht vertraut oder sinnfällig geworden. /114/

Fritz Schumacher, 1935 Der Architekt von 1930 ist etwas ganz anderes wie der Architekt von 1890, als der ich in meinen Beruf zog. Auf der einen Seite hat er vom Reißbrett seinen Weg zurückgefunden in die Werkstatt des Handwerkers, auf der anderen Seite hat er seinen Weg gefunden in die Werkstatt der Kulturpolitik. /115/

Fritz Schumacher, 1938 Was vom Architekten neuerdings den größten Berufsidealismus und das größte Maß unermüdlicher Überlegungen fordert, ist das unscheinbarste Gebiet seines Schaffens: das Wohnwesen der großen Massen in allen seinen wirtschaftlichen und sozialen Stufungen. In früheren Zeiten fand er fast unbemerkt seine Lösung neben den eigentlich als künstlerisch betrachteten Aufgaben, heute ist es eines der schwierigsten Probleme geworden. Der Architekt steckt sich dabei nicht allein das primitive Ziel, das zur Wahrung der Menschenwürde Notwendige zu erringen, was oft schon schwer genug zu erreichen ist, sondern darüber hinaus das Ziel, in die Form der Lösung einen Hauch von Freudigkeit zu bringen. Das ist nur dadurch möglich, daß sich mit der liebevollen Gestaltung jeder baulichen Einzelheit eine zweite andersartige Kunst verbindet, die Kunst, aus einzelnen an sich unbedeutenden Organismen einen größeren Gesamtorganismus zu bilden, der eigentlich erst als Ganzes betrachtet die bauliche Leistung darstellt.

Das Schicksal der deutschen Architektur
und der deutschen Architekten ist wohl eines der
deprimierendsten Schauspiele unserer Zeit.
Siegfried Giedion

Denn die Baukunst kann, zielbewußt entfaltet, die weltanschauliche Idee, die in der Organisation des Staates schlummert, am stärksten und sinnfälligsten ausprägen. Man kann sogar sagen, daß sie erst diese Idee wirklich ganz lebendig zu machen imstande ist.

✳

Man wird die Lebensform der Zukunft, wie sie dem schöpferischen, geistigen Auge vorschwebt, nicht erreichen können, ohne daß wir den baulichen Egotismus, der sich mit dem Mantel des ›künstlerischen Individualismus‹ zu tarnen pflegt, überwinden und an seiner Stelle ein Gemeingefühl entwickeln, das sich keine künstlerischen Ziele vorstellen kann, die nicht zugleich die Ziele der Gemeinschaft wären. /116/

Architekten heute

Zwischen individuellem Auftrag und gesellschaftlicher Verantwortung

Union Internationale des Architectes (UIA), 1955 Der Architekt, das ist der Mensch, der die Kunst des Bauens meistert und so die Stätten, an denen die Menschen ruhn oder sich regen, aufs beste gestaltet und beseelt. Um diesem geistigen Anspruch und den Bedürfnissen seiner Epoche zu genügen und Ausdruck zu geben, muß der Architekt den menschlichen Zustand im weitesten Sinne kennen und ihn im tiefsten Sinne begreifen. Er muß darum aus engster Berührung sich unablässig Rechenschaft geben über die wirtschaftlichen Faktoren und über alle sonstigen Realitäten, die auf den menschlichen Zustand einwirken. Indem er seine Einzelaufgabe aus dem Gesamtplan des Lebens empfängt und begreift und sein Einzelwerk in diesen Gesamtplan einordnet, wirkt er lebendig mitten im großen Plan. Aus solcher Sicht sind Architektur und Städtebau untrennbare Teile des Ganzen. Und so muß der Architekt unablässig sein technisches Können, sein künstlerisches Vermögen und seine sittlichen Kräfte entwickeln. ... Er dient den Interessen seines Bau-

178

herrn soweit, als sie nicht in Widerspruch stehen zu seiner Pflichtauffassung und zu den Interessen der Allgemeinheit. /117/

Ludwig Mies van der Rohe, 1955 Man kann nicht jeden Montagmorgen eine neue Architektur erfinden.

✳

Doch die Vollendung der reinen Technik fordert Architekten stets heraus, die geistigen Bedürfnisse der Menschen in angemessener überzeugender Weise zu befriedigen. Denn, Architektur hängt von Fakten ab, aber ihr tatsächlicher Wirkungsbereich liegt auf dem Felde der Bedeutung. /118/

Walter Gropius, 1961 Die Rolle des Architekten in der Gesellschaft besteht in seiner sittlichen Verantwortung, die Kluft zwischen der Gesellschaft und dem Individuum durch seine künstlerischen Mittel schließen zu helfen. /119/

Constantinos Doxiadis, 1965 Um seine neue Rolle zu spielen, muß der Architekt:
a) seine Stellung als Baumeister im Sinne der Tradition wieder aufnehmen, als Koordinator aller Kräfte, die zur Durchführung eines Bauwerks gehören, und darf sich nicht auf den Entwurf beschränken;
b) sein Thema so erweitern, daß es nicht mehr nur einfache Gebäude umfaßt, und in den größeren Räumen, die durch die neuen Formen der sich ausbreitenden menschlichen Ansiedlungen entstanden sind, einen architektonischen Zusammenhang schaffen;
c) in die Industrie, in die Regierung und in Forschungs- und Ausbildungszentren eintreten, wo neue Ideen für die Lebensweise, die Kunst des Wohnens, für die Konstruktion und die Erfordernisse der Produktion erarbeitet werden. …
d) auf alle diese Tätigkeitsbereiche zugehen, in der vollen Erkenntnis, daß er als Wissenschaftler, Techniker und Künstler für die architektonische Gestaltung verantwortlich ist. /120/

Christian Norberg-Schulz, 1965 Im Prinzip ist es für den Architekten unmöglich, die Wünsche des Bauherrn direkt zu befriedi-

179

Die Architektur wird behandelt, wie ein Playboy
das Leben behandelt – schnell aller Dinge überdrüssig
und von einer Sensation zur anderen hastend.
Siegfried Giedion

gen. Er muß sich stets bestimmter Mittel bedienen, die sich dem Verständnis des Bauherrn entziehen, und er muß außerdem die Bauaufgabe in einen funktionell-gesellschaftlichen Zusammenhang integrieren, der den Bauherrn nur teilweise angeht. Es ist daher ein Mißverständnis, die Aufgabe des Architekten in der Befriedigung des Bauherrn sehen zu wollen. Statt dessen sollten wir seine Aufgabe als die Integration eines Problems in eine größere Ganzheit definieren. Das bedeutet, daß der Architekt eine umfassendere und präzisere Definition der Aufgabe und der Mittel bieten muß, als sie der Bauherr selbst geben kann. /121/

Oscar Niemeyer, 1966 Architektur und Städtebau entwickeln sich als Funktion des technischen und sozialen Fortschritts, der ihnen die Aufgaben stellt und die Mittel zur Realisierung liefert. Wenn der soziale Fortschritt fehlt und das Leben voller Unrecht ist, zeigt sich das auch in der Architektur und im Städtebau, und die Arbeit des Architekten und Städtebauers wird gehemmt. … Ich glaube an eine soziale Architektur, wenn sie in einem sozialistischen Land entwickelt wird. In den anderen Ländern fehlen dafür die Voraussetzungen, damit wird sie fast immer zu einem Gegenstand der Demagogie. … Der Sozialismus ist die unerläßliche Grundlage für eine soziale Architekur und die Industrialisierung das logische und wirksame Mittel zu ihrer Verwirklichung. … Damit ein Werk der Architektur zu einem Kunstwerk wird, bedarf es meiner Meinung nach der Voraussetzung, daß es ein Minimum an Schöpferischem enthält, das heißt, einen persönlichen Beitrag des Architekten. Ist das nicht der Fall, so werden nur bekannte Formen und Lösungen wiederholt, die nach und nach akademisch und anachronistisch werden. /122/

Walter Gropius, 1967 Man hat oft eingewendet, daß der verantwortliche Gestalter unserer Umwelt, der Architekt, die Gesellschaft so nehmen solle, wie er sie findet, und sich damit begnügen solle, seine Aufgaben ästhetisch zu lösen, damit er seine Kräfte nicht zersplittere. Diese Beschränkung auf die alleinige **180** Betonung schöner Proportionen und Raumgestaltungen ist nicht genug. Wir müssen unser Ziel weiter stecken und dem Leben selbst ein organisches Gerüst bauen, in dem es sich in Schönheit entfalten kann. Sonst bleibt uns die Begegnung mit ihr, wie heute, nur ein seltenes Erlebnis, uncharakteristisch für das Allgemeinniveau. Schönheit ist Wesensbestandteil des gesamten Lebens und läßt sich nicht isolieren als ein besonderes Privileg für die ästhetisch Eingeweihten; sie ist ein Urbedürfnis aller. Sinn für Schönheit und Qualität, wenn er sich in allen Schichten der Gesellschaft ausbreitet, nährt die Schaffenskraft des Künstlers und gibt ihr Widerhall. /123/

Philip Johnson im Gespräch mit John W. Cook, 1974 J. C.: Können Sie sich denken, daß Sie irgendeinen Auftrag ablehnen würden? P. J.: Selbstverständlich nicht. Ich würde auch für den Teufel persönlich bauen. ... Wer mich beauftragt, kauft mich. Ich bin käuflich. Ich bin eine Hure. Ich bin ein Künstler. /124/

Architektur – Kunst – Technik

Alvar Aalto, 1947 Wenn ich ein architektonisches Problem zu lösen habe, bleibe ich zuerst, und dies ausnahmslos, beim Gedanken an seine Verwirklichung stecken – es handelt sich um eine Art ›Drei-Uhr-morgens-Stimmung‹. Diese ist wahrscheinlich die Folge der Schwierigkeiten, die verursacht werden durch den Druck der verschiedenen Elemente im Augenblick der architektonischen Verwirklichung.

Die sozialen, menschlichen, technischen und wirtschaftlichen Forderungen, die sich neben den psychologischen Forderungen stellen und die jeden einzelnen und jede Gruppe mit ihrem Rhythmus und ihren inneren Reibungen betreffen, sind so zahlreich, daß sie einen Knäuel bilden, der nicht mit rationalen Methoden gelöst werden kann. Die daraus hervorgehende Komplexität hindert den architektonischen Grundgedanken daran, Form anzunehmen.

In solchen Fällen gehe ich in völlig irrationaler Weise folgendermaßen vor: ich vergesse für einen Augenblick den ganzen Knäuel von Problemen, streiche ihn aus meinen Gedanken und

181

Ökonomie ist das erste Wort, das der Architekt
auf seine Fahne schreibt, Ökonomie im direkten Sinne des Worte,
Ökonomie der Ausdrucksmittel usw.
Alexander Nikolski

beschäftige mich mit etwas, das am ehesten als abstrakte Kunst gekennzeichnet werden kann. Ich beginne zu zeichnen und lasse mich völlig von meinem Instinkt leiten – und dann entsteht auf einmal ein Grundgedanke. Er bildet den Ausgangspunkt, welcher die verschiedenen, oft sich widersprechenden Elemente (die bereits erwähnt wurden) in sich vereinigt und sie in eine harmonische Einheit bringt. ...

... denn ich glaube – oder bin sogar davon überzeugt –, daß im Anfangsstadium die Architektur und die anderen Kunstgattungen denselben Ausgangspunkt haben – einen Ausgangspunkt, der gewiß abstrakt ist, der aber zugleich beeinflußt wird von all unsern angesammelten Erkenntnissen und Gefühlen. /125/

Walter Gropius, 1956 Die Anfangsaufgabe des Erziehers sollte daher darin bestehen, seinen Schüler aus dem Zustand intellektueller Verstopfung zu befreien und ihn zu ermutigen, seinem unterbewußten Empfinden mehr Raum zu geben. Er muß sozusagen versuchen, den Stand der unvoreingenommenen Empfänglichkeit des Kindes wiederherzustellen, und ihn dann anleiten, auszurotten, was an zähen Vorurteilen und Rückfällen in imitative Neigungen sich noch vorfindet, damit er durch eigene Beobachtung und praktische Versuche zur Kenntnis einer objektiven Gesetzmäßigkeit des Ausdrucks gelangen kann. /126/

Pier Luigi Nervi, 1963 Meine Erfahrungen als Entwerfer und viele Beobachtungen, die ich an großen Strukturen der Vergangenheit und Gegenwart angestellt habe, führten mich dazu, an die Existenz einer nicht vorhersehbaren und schwer zu erklärenden Übereinstimmung zwischen technischer Korrektheit und ästhetischer Ausdruckskraft zu glauben. Man könnte fast sagen, die technische Korrektheit bilde eine Art Grammatik des architektonischen Gesprächs. ... Hier [in der Architektur] können technische Korrektheit oder Rücksicht auf die statischen und konstruktiven Erfordernisse und die Anwendung der Baustoffe gemäß ihren spezifischen Eigenschaften eine unerschöpfliche Quelle der Forminspiration sein. ... Natürlich kann der

182

Wert jeder technischen oder konstruktiven Eingebung immer nur richtungsweisend im Sinne einer Inspiration sein. Deshalb bleibt stets ein beträchtlicher Spielraum für die persönliche Sensibilität des Entwerfers. /127/

Louis I. Kahn, 1974 Der funktionelle Aspekt versieht mich nur mit den Instrumenten, mit denen ich eine psychologische Reaktion hervorrufen kann. Man könnte sagen, es sei wie der Unterschied zwischen Seele und Verstand. Der funktionelle Aspekt ist der Verstand; aber die Seele ist nicht etwas, was man nach Bedarf regulieren kann. Architektur beginnt dort, wo die Funktion bereits gründlich erfaßt worden ist. An diesem Punkt öffnet sich das Gemüt dem Wesen der Räume selbst, die dem Gemüt erst entspringen, wenn die Funktionen verstanden worden sind, und dann entstehen die Räume zur psychologischen Bedürfnisstillung. /128/

183

Alvar Aalto, Entwurfsskizze für die Kirche
von Vuoksenniksa bei Imatra, 1956 bis 1958,
aus: A. Aalto, Zürich 1965

Philip Johnson, 1974 Ich verwende Konstruktionsingenieure. Ich verwende Installationstechniker. Ich verwende Wohnungsbauspezialisten, die mir sagen, wie groß eine Wohnung sein soll, denn ich weiß es nicht. Wie sollte ich wissen, wie man eine billige Wohnung baut? Das interessiert mich nicht. Ich habe Leute, die das für mich tun. /129/

Oscar Maria Ungers, 1977 Für meine Begriffe basiert Architektur in der Hauptsache auf Ideen, das heißt auf Konzeptionen, die außerhalb des Bereichs des Technischen liegen, die vielmehr im Bereich des Philosophischen angesiedelt sind, im Bereich des Intellektuellen und auch des Ästhetischen. ... Bauen ist ein praktischer Prozeß, die Architektur aber ist etwas, das sich zuerst im Gedanklichen ausbildet, also in der Idee. /130/

Stadtplaner – ein neues Berufsprofil

Fritz Schumacher, 1926 ... aber wir werden die Stadt der Zukunft, wie sie unserem geistigen Auge vorschwebt, nicht erringen können, ohne daß jeder Einzelne an der Verwirklichung ihrer Idee mitarbeitet. Dafür muß an die Stelle des baulichen ›Egotismus‹, der uns verderblich geworden ist, ein Gemeingefühl treten, das sich keine künstlerischen Ziele vorstellen kann, die nicht zugleich kulturelle Ziele wären. /131/

Karl A. Höpfner, 1928 Es scheint mir nichts kläglicher als dieser zuweilen geradezu kindische Streit, ob der Architekt oder Bauingenieur oder sonst jemand zum Städtebau berufen sei. Meinetwegen kann jemand von Haus aus sein, was er will. Jedermann wird aber erst im Städtebau etwas Rechtes leisten, wenn er sich mit heißem Bemühen darin vertieft und, was er bis dahin auch getrieben haben mag, erst einmal ›Städtebauer‹, d.h. etwas Neues und Besonderes wird gegenüber seiner früheren Tätigkeit. /132/

Fritz Schumacher, 1955 ... in vieler Beziehung ist es [der Stadtplaner] ein ganz neuer Beruf geworden, der Beruf eines gestaltenden Volkswirts, der die sozialen, die wirtschaftlichen und die

technischen Fäden, die drohten, jeder einen eigenen Lauf zu

nehmen, und die sich dabei verknäuelten und verschlangen, zu einem einheitlichen Gewebe zusammenführt. Das Besondere aber dieser Aufgabe ist, daß das Gewebe nicht nur ordentlich zusammenhalten muß, sondern auch eine künstlerische Wirkung haben soll. Das gelingt nur, wenn in der Kette praktischer Überlegungen, mit denen dies Gewebe von der einen Seite technisch beginnt, der Schuß einer künstlerischen Idee hereingreift, die von der anderen Seite ihre Fäden zieht. ... ›Städtebau‹ ist die einzige altruistische Form des Künstlertums. /133/

Richard Buckminster Fuller, 1965 Der neue Universalarchitekt wird sich klugerweise darauf beschränken, seine Planungswissenschaft nur so zur Verbesserung des organischen Zusammen-

185

Fritz Schumacher, Foto anläßlich seines
70. Geburtstages am 4. November 1939

spiels der gesamten Menschheit anzuwenden, daß deren externe Organik schließlich so gut koordiniert werden kann, daß sie genauso unbewußt funktioniert wie der interne Organismus eines gesunden Menschen. /134/

Max Frisch, 1966 Die Fehlleistung, die sich Städtebau nennt, beruht nicht auf einem Versagen der Techniker, sondern auf einem Versagen der Laien; sie überlassen sich den Technikern. Nun ist es aber so: Die Aufgabe stellt der Laie, der Fachmann hat sie zu lösen. Oder so müßte es sein. Wir brauchen den Fachmann; aber als Fachmann auf seinem Gebiet, als Architekt, als Konstrukteur, nicht als Ideologe, nicht als Entwerfer der Gesellschaft. Kommt es dazu, weil die Gesellschaft sich nicht selbst entwirft und den Fachmann nicht einsetzt als Diener der Gesellschaft, übernimmt er eine Verantwortung, die ihm nicht zukommt; er übernimmt sich. /135/

Town Planning Institute London, Prüfungsordnung, 1967 Stadtplanung ist ein Prozeß, der wiederkehrende Zyklen von Operationen für die Vorbereitung und Kontrolle der Durchführung von Plänen für sich wandelnde Flächennutzungs- und Siedlungssysteme auf verschiedenen Ebenen umfaßt. Der Planer hat in diesem Prozeß die zentrale und entscheidende Rolle. Seine spezielle Fertigkeit, die Beherrschung des Planungsprozesses als Ganzes, qualifiziert und berechtigt ihn zur Organisation und Koordination aller Planungsoperationen sowie zum Entwurf und zur Kontrolle der Durchführung des Planes oder der Entwicklungspolitik. Neben diesem eigentlichen Stadtplaner gibt es zahlreiche Personen in anderen Disziplinen oder Berufen, die am Planungsprozeß teilnehmen und wichtige Beiträge zu diesem leisten. /136/

Für die Erneuerung des Architektenberufs

Hermann Henselmann, 1947 Mir scheint also die Sterbestunde des Architekten durchaus nicht gekommen zu sein. Er wird eine Gestaltwandlung erfahren. Doch diese Wandlung ist von der Gesellschaft abhängig, der er zugehört. An dieser Wandlung arbeiten alle mit, denn ein ganzer Stand kann sich nicht aus den allgemeinen gesellschaftlichen Beziehungen lösen. Auch Michelangelo ist kein Zufall. /137/

Pietro Belluschi, 1953 Nachdem der Kampf gegen dogmatische Vorstellungen gewonnen wurde, wird der Architekt – wie ich hoffe – auch etwas Toleranz den menschlichen Symbolen und Formen der Vergangenheit gegenüber gewinnen, weil das Volk diese Symbole notwendig braucht. ... , weil sie ein Gefühl der Kontinuität geben, welches dem Volke Vertrauen in die Entwicklung verschafft. /138/

Hanns Hopp, 1959 Der Beruf des Architekten verändert sich also, aber er verliert nichts von seiner Verantwortung, seinen Schwierigkeiten und seiner Bedeutung für die Kultur eines Volkes. ... Wenn früher der Ziegelstein das kleinste Element war, mit dem der Architekt gestaltete, so wird dieses kleinste Element jetzt das ganze Haus sein. /139/

Lucius Burckhardt und Walter Förderer, 1968 Schon in seiner Ausbildung wird der Architekt auf ein problemlösendes Verhalten trainiert.

Ihm fällt es zu, ein Thema rasch aufzugreifen und zu einer Gestaltung umzuformieren. Bei der Ärmlichkeit seiner thematischen Palette gelingt ihm dies auch rasch. Dadurch wird er zum beliebten und vielfach benützten Entscheidungsbringer. Wir dürfen uns aber nicht länger der Einsicht verschließen, daß die gewohnten Entscheidungen des Architekten auf scharfen Reduktionen des Problems beruhen. Indem er das vom Politiker schon isolierte Thema noch auf eine Lösung hin verengt, verliert er große Teile der wirklichen Zusammenhänge aus dem Gesichtsfeld. ... seine Menschen sind noch stärker stilisiert und etikettiert als jene des Politikers. /140/

187

Jede Stadt hat jene Architekten, die sie verdient.
Adolf Loos

Hassan Fathy, 1973 Normalerweise entwirft ein Architekt nicht für die Bauern in den Dörfern. Und kein Bauer denkt jemals daran, einen Architekten zu beauftragen. ... Architekten entwerfen für den reichen Mann, und sie denken in Begriffen dessen, was der reiche Mann zahlen kann. /141/

Manfred Throll, 1981 Allerdings ist die Figur des Privatarchitekten gesellschaftlich überholt. Die öffentlichen Planungsanforderungen drängen zum Berufsbild eines Sozialarchitekten. / 142 /

Klaus Pietschmann, (Architektenkammer Nordrhein-Westfalen), 1986 Wenn wir also vermeiden wollen, ein Heer von arbeitslosen Architekten entstehen zu lassen, müssen wir dafür sorgen, daß alle Kollegen Arbeit haben. Da wir wissen, daß dies in unserem Beruf nicht möglich ist, sollten wir uns darum bemühen, ihnen einen sinnvollen Wechsel zu ermöglichen. / 143 /

Deklaration von Kairo, UIA-Kongreß 1985 Den Forderungen vieler Generationen von Baumeistern aller Nationen folgend, sehen wir die moralische Mission der Architekten heute in einer dem sozialen Fortschritt und dem Wohlergehen der Menschen dienenden Gestaltung aller Lebensbedingungen in einer Welt des Friedens und der gegenseitig geachteten Freiheit, Unabhängigkeit und Sicherheit jedes Volkes. Soziale, politische und weltanschauliche Unterschiede sollen uns Architekten nicht hindern, gemeinsam nach einer humanistisch gestalteten Umwelt, nach den besten Wegen zu einer hohen Kultur des architektonischen Schaffens und nach einer verantwortungsvollen Rolle des Architekten in der Gesellschaft zu streben. / 144 /

Anhang

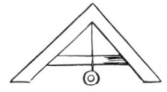

Verzeichnis der Quellen

/1/ J. H. Breasted: Ancient records of Egypt. – Hist. Doc. II. – Chicago; Leipzig (1906)7. – § 45

/2/ Ebenda., § 353

/3/ R. Engelbach: The Problem of the Obelisks. – London, 1923. – S. 100 f.

/4/ Jean-Louis de Cenival: Architektur der Welt: Ägypten, das Zeitalter der Pharaonen. – München, 1964. – S. 97 f.

/5/ § 229, zit. nach: J. Kohler; F. E. Peisser: Hammurabis Gesetz. – Bd. 1. – Leipzig, 1904. – S. 65 ff.

/6/ Arthur H. Smith: The building inscriptions of the Acropolis of Athens. – In: Journal of the Royal Institute of British Architects. – London 34 (1926)4. – S. 127 ff.

/7/ Vitruvii De Architectura Libri Decem. – X. Vorrede. – Zit. nach der Übersetzung von C. Fensterbusch. – Berlin, 1964. – S. 487

/8/ Marcus Valerius Martialis, V, 56, 9–10

/9/ Vitruvius, a. a. O. – I.I. – S. 23 ff. und VI. Vorr., 6 u. 7. – S. 256 ff.

/10/ C. Plinius caecilius Secundus: Epistulae. – X. 40,3. – Übers. nach: J. M. C. Toynbee: Some Notes on Artists in the Roman World. – Bruxelles, 1951

/11/ Attische Nächte/ herausgg. v. Heinz Berthold. – Leipzig, 1987. – S. 167

/12/ Übers. nach: A. L. Frothingham: Roman Architects. – In: The Architectural Record. – New York 25 (1909) 1–6. – S. 184

/13/ Flavius Magnus Aurelius Cassiodorus: Variae. – VII. 5. – ed. Th. Mommsen: Mon. German. hist. Auct. antiqu. – T. XII. – Berolini, 1894. – S. 204 f.

/14/ Etymologiae XIX, VIII. – Zit. nach: Rosario Assunto: Die Theorie des Schönen im Mittelalter. – Köln, 1963. – S. 135

/15/ Übers. nach: Pierre de Colombier: Les Chantiers des Cathédrales. – Paris, 1953. – S. 52

/16/ Brief an seinen Sohn(?) Vussinus, Begleitschreiben zu einigen von dem Mönch Eigil nach antikem Muster angefertigten

Säulenmodellen. Übers. nach:
Julius von Schlosser: Schrift-
quellen zur Geschichte der
karolingischen Kunst. – Wien, 1892. –
S. 6

/17/ Victor Mortet; Paul
Deschamps: Recueil de textes relatifs
á l'histoire de l'architecture en
France. – vol. I. – Paris, 1929. –
S. 129 ff. – Zit. nach: Max Hasak:
Der Kirchenbau des Mittelalters. –
Leipzig, 1913. – S. 209 f.

»Lambardus« = Lombarde, damals
häufige Bezeichnung von Werkmei-
stern und Steinmetzen aus Oberitalien; »Cementarii« = eigtl. Maurer,
hier vermutl. auch für Steinmetzen

/18/ Übers. nach: John Harvey: The
mediaeval Architect. – London,
1972. – S. 39

/19/ Zit. nach: A. Grote: der voll-
kommen Architectus. – München,
1959. – S. 71

/20/ Zit. nach: Ebenda.. – S. 294 f.

/21/ Zit. nach: F. Janner: Die Bauhütten des Mittelalters. – Leipzig,
1867. – S. 114 f.

/22/ D. K. Haßler: Urkunden zur
Baugeschichte des Mittelalters. –
Leipzig, 1869. – S. 109

/23/ F. Janner: a. a. O. /21/. –
S. 251 ff.

/24/ Lorenz Lacher, »Der Pfalz
Baumeister und Pixenmeister«,
schrieb den Traktat für seinen Sohn
Moritz. Zit. nach: August Reichensperger: Vermischte Schriften über
christliche Kunst. – Leipzig, 1856. –
S. 137 ff.

/25/ Zehn Bücher über die Archi-
tektur. – Übers. v. Max Theuer. –
Wien; Leipzig, 1912. – I. Vorr.; IX. –
S. 473 ff.

/26/ Zit. nach: Josef Durm: Baukunst der Renaissance in Italien. –
Leipzig, 1914. – S. 274

/27/ Zit. nach: F. Arnold: Der
herzogliche Palast von Urbino. –
Leipzig, 1875

/28/ Die »Gespräche« wurden von
dem portugiesischen Maler Francisco
de Hollanda aufgezeichnet. – Zit.
nach: Ich – Michelangelo/ herausgg.
v. F. Erpel. – Berlin, 1964. – S. 273

/29/ Christian Meyer: Die Hauschronik der Familie Holl,
1487–1646. – München, 1910. – S. 32,
45 f., 61., 70 f., 74, 87

/30/ Victor Fleischer: Fürst Karl
Eusebius von Liechtenstein als Bauherr und Kunstsammler (1611–1684). –
Wien; Leipzig, 1910. – S. 15. – Aus
seinem »Werk von der Architektur«. – Ebenda. – S. 93, 123, 208

/31/ Aus dem Brief an seinen
Bruder Rudolf Franz Erwein von
Schönborn, Schloß Marienberg ob
Würzburg, 8. Nov. 1719. – In: Die
Briefe Baltasar Neumanns an Friedrich Karl von Schönborn, Fürstbischof von Würzburg und Bamberg,
und Dokumente aus den ersten Bau-
jahren der Würzburger Residenz/
herausgg. v. Karl Lohmeyer. –
Saarbrücken (1921)16

/32/ Brief vom 12. Dez. 1717. – Zit.
nach: Walter Hentschel: Die Zentral-
bauprojekte Augusts des Starken. –
Berlin, 1969. – S. 48

/33/ Aus dem Brief vom 8. März 1742
an seinen Sekretär und literarischen
Berater Charles Etienne Jordan. –

Zit. nach Hans Reuther: Georg
Wenzeslaus von Knobelsdorff. –
In: Der Architekt. – Essen, 1954. –
S. 311 (Preuß. Geh. Staatsarchiv,
Rep. 96 B, Bd. 24/25)
/34/ Übers. nach: H. M. Colvin:
A Biographical Dictionnary of
English Architects, 1660–1840. –
London, 1954. – S. 13
/35/ Bl. 169, a-206, b., IV. Ohnge-
vare Verzaichnus, was mit Gottes gne-
diger Hilff ich Heinrich Schickhardt
innerhalb viertzig Jahren in- und
außerhalb Lands biß anno 1632 gebaut
hab. –Zit. nach: Handschriften und
Handzeichnungen des herzoglich
württembergischen Baumeisters
Heinrich Schickhardt/ herausgg. v.
Dr. Wilhelm Heyd. – Stuttgart (1902)
II. – S. 346
/36/ Tagebuch des Herrn von
Chantelou über die Reise des Cava-
liere Bernini nach Frankreich. –
Deutsche Bearbeitung von
Hans Rose. – München, 1919. –
S. 362.
/37/ Beilage zum Dekret über die
Ernennung Balthasar Neumanns zum
Stückhauptmann vom 25. Nov. 1720,
nach 1753: Quellen zur Geschichte des
Barocks in Franken unter dem Ein-
fluß des Hauses Schönborn. – Würz-
burg, 1951. – I. Teil. – S. 647. – Anm. 2
zu Dok. Nr. 828; Max H. von
Freeden: Balthasar Neumanns Lehr-
jahre. – In: Archiv des Historischen
Vereins von Unterfranken – Bd. 71. –
S. 9, Anm. 5; Staatsarchiv Würzburg,
Hofkammerprotokoll 1721/22. – Zit.
nach: Quellen zur Geschichte des
Barocks in Franken. – a. a. O. –

S. 714. – Anm. 2 zu Dok. 935; Brief
Balthasar Neumanns am 29. Januar
1729 an Dominikus Marquard Fürst zu
Löwenstein-Wertheim-Rochefort. –
Wertheim, Löwenstein-Wertheim-
Rosenbergsches Archiv. – Lit. St.
Nr. 120. – Orig. eigenh. in: Quellen
zur Geschichte des Barocks in
Franken. – a.a.O.. – Nr. 1538. –
S. 1140 f.
/38/ Sohn Matthäus Daniel Pöppelmanns, Loc. 5197. Schrank B. Loc. 7
N. 100. Acta die Erhebung des Obristen Carl Friedrich Pöppelmann in
des H. R. Reichs Adel Stand erforderliche Nachrichten betr. die Umstände
und das Wappen des Herrn Obristen
Poeppelmann wegen seiner bevorstehenden Nobilitierung. – Zit. nach:
Walter Hentschel: Die sächsische
Baukunst des 18. Jahrhunderts in
Polen. – Berlin, 1967. – S. 513 f.
/39/ Karl Lohmeyer: Der eigenhändige Lebenslauf des Barock-Architekten Friedrich Joachim Stengel
(1694–1787). – In: Festschrift Karl
Koetschau. – Düsseldorf, 1928. –
S. 101
/40/ Übers. nach: Martin S. Briggs:
The Architect in History. – Oxford,
1927. – S. 285
/41/ Zit. nach: Isolde Küster:
Leonhard Christoph Sturm. – Phil.
Diss. – Berlin, 1942. – S. 172
/42/ Charles E. Briseux: Traité du
beau essentiel dans les arts … – Paris,
1752. – S. 65
/43/ Des Abts Laugier neue
Anmerkungen über die Baukunst. –
Leipzig, 1768. – S. 58, 64, 110
/44/ Vortrag vor der Académie in

Lyon, 1744. – In: Nouv. Archives historiques de Rhône. – vol. I. – Lyon, 1832. – S. III

/45/ Claude-Nicolas Ledoux: L'Architecture considerée sous le rapport de l'Art, des Moeurs et de la Législation. – 1804. – L. 17. –Zit. nach: Emil Kaufmann: Three revolutionary Architects, Boullée, Ledoux and Lequeu, Transactions of the Americ. – Philos. Society N. S. – vol. 42, Part. 3, 1952; Bernard Stoleff: Die Affäre Ledoux. – Braunschweig; Wiesbaden, 1983. – S. 104, 106, 112, 116

/46/ Zit. nach: Hermann Heckmann: Matthäus Daniel Pöppelmann, Leben und Werk. – München; Berlin (West), 1972. – S. 312f.

/47/ Übers. nach: Barrington Kaye: The development of the architectural profession in Britain. – London, 1960. – S. 53

/48/ Friedrich Weinbrenner: Architektonisches Lehrbuch. – Tübingen, 1810. – Vorwort, 1. T., 1. H., S. IXf. –Zit. nach: Arthur Valdenaire: Friedrich Weinbrenner, sein Leben und seine Bauten. – Karlsruhe, 1919. – S. 289

/49/ Aus einem Brief an Klüber am 6. Dezember 1821 über Schinkels Schauspielhaus in Berlin, ebenda., S. 196

/50/ Tagebuchnotiz, Baden 1824. –Zit. nach: A. von Wolzogen: Aus Schinkels Nachlaß. – Berlin, 1862; Brief an den Generalintendanten der Königlichen Schauspiele, Grafen Brühl, Berlin, den 15. Januar 1818; K. F. Schinkel: Aus Tagebüchern und Briefen / herausgg. v. Günter Meier. – Berlin, 1967. – S. 55f.; Aus den Lehrbuchmappen, H. II und III. – Zit. nach: Karl Friedrich Schinkel, Lebenswerk; Goerd Peschken: Das architektonische Lehrbuch. – Berlin, 1979. – S. 35 u. 115; Briefe, Tagebücher, Gedanken/ ausgew., eingel. und erl. von Hans Mackowsky. – Berlin, 1922. – S. 192f. u. 194; Reisebemerkungen auf der vom 17. Juni bis 11. August 1832 nach Schlesien unternommenen Dienstreise, 15. Juli 1832; ebenda., S. 127

/51/ An Ludwig Persius. –Zit. nach: Friedrich Wilhelm IV. von Preußen: Ein Baukünstler der Romantik. – Berlin, 1961. – S. 109

/52/ Zit. nach: Oswald Hederer: Leo von Klenze: Persönlichkeit und Werk. – München, 1964. – S. 17, 77, 79f., 80f.

/53/ Schreiben an Schenk vom 22. Sept. 1829. – Zit. nach: Klaus Eggert: Die Hauptwerke Friedrich von Gärtners. – Phil. Diss.. – München, 1962. – S. 161

/54/ Auszug aus dem Brief an Friedrich August II. von Sachsen vom 17. 7. 1849, s. Abb. S. 37. Der Brief befand sich im Nachlaß des Ministerialrats im Ministerium des Königlichen Hauses Albert Zenker (gest. 1854). Der König hat ihn nie erhalten. Vorschläge zur Anregung nationalen Kunstgefühls, 1851. – In: Gottfried Semper: Wissenschaft, Industrie und Kunst. – Mainz; Berlin (West), 1966; Vorläufige Bemerkungen über bemalte Architektur und Plastik bei den Alten. – In: Kleine Schriften von G. Semper/ her-

ausgg. v. M. und H. Semper. – Berlin;
Stuttgart, 1884. – S. 219 u. 225;

Vorschläge zur Anregung nationalen Kunstgefühls, 1851. – In: Gottfried Semper: Wissenschaft, Industrie
und Kunst. – Mainz; Berlin (West),
1966. – S. 47;

Vorläufige Bemerkungen über
bemalte Architekur ... – a.a.O. –
S. 216;

Der Stil in den technischen und
tektonischen Künsten oder praktische Ästhetik. – Bd. 1. – München,
1860. – S. 216 f., Anm. 2

/55/ Jean Nicolas L. Durand: Abriß
der Vorlesungen über Baukunst,
gehalten an der königlichen polytech-
nischen Schule zu Paris.– Paris,
1831. – Einleitung. – S. 2 f. u. 13

/56/ Übers. nach: Architectural
Magazin. – London 2(1835). – s. 471

/57/ Vermischte Schriften über
christliche Kunst. – Leipzig, 1856. –
S. 485

/58/ The Gentleman's House, or
how to Plan English Residence from
the personage to the Palace. –
London, 1864. –Übers. nach: Architectural Review. – London 110(1951). –
S. 205

/59/ In: Deutsche Bauzeitung. –
Berlin 1(1867). – S. 10

/60/ Aus einem Artikel in der
Revue générale de l'Architecture, X,
374. – Übers. nach: Louis Hautecoer:
Histoire de l'Architecture classique
en France. –Bd. 7. – Paris, 1957. –
S. 294 f.

/61/ Stadterweiterungen in
technischer, baupolizeilicher und
wirtschaftlicher Beziehung. –

Berlin, 1876. – S. 266

/62/ Übers. nach: Le Dictionnaire
des Idées Reçues. – Paris, 1913. – S. 44

/63/ Unterschrieben von 45 Architekten und 24 sympathisierenden bildenden Künstlern, darunter: Arthur
und Reginald Blomfield, William But-
terfield, W. R. Lethaby, G. Gilbert
Scott, R. Norman Shaw, Philipp
Webb, E. Burne-Jones, Walter Crane
und William Morris. – In: The
Times. – London 3(1891). – Übers.
nach: Architecture. – A Profession or
an Art/ ed. by G. Shaw, S. Jacobson. –
London,1892. – S. XXXII ff.

/64/ In: Deutsche Bauzeitung. –
Berlin 45(1911)70. – S. 601

/65/ Grundsatz zur Gründung des
BDA, 1903. –Zit. nach: Otto Bartning:
Spannweite. – Bramsche, 1958. – S. 136

/66/ Aus dem Aufruf zur Gründung von Vereinigungen freischaf-
fender Architekten »Was wir
wollen«. – In: Die Urkunden der
Gründung des Bundes Deutscher
Architekten B. D. A. im Jahre 1903/
herausgg. v. Eugen Fabricius. –
Bonn, 1953. – S. 14

/67/ The Prospects of Architecture
in Civilization, Vortrag am 10. März
1881 in London. – Übers. nach: William Morris: On Art and Socialism. –
London, 1947. – S. 245

/68/ What is an Architect? –
Übers. nach: Kindergartenchats and
other writings. – New York, 1947. –
S. 138 f.; Kindergartenchats. – Law-
rence, 1934. – S. 8

/69/ Gedanken über den Stil in der
Baukunst. – Leipzig, 1905.– S. 48 f.

/70/ Landhaus und Garten / mit

einleitendem Text herausgg. v. Hermann Muthesius. – München, 1907. – S. XII ff.

/71/ Von den zwei Bauherren der Siedlung. – In: Die Volkswohnung. – Berlin 1(1919)1. – S. 3 f.

/72/ Aus der Antrittsrede bei Übernahme des akademischen Lehramtes 1894. – Zit. nach: J. A. Lux: Otto Wagner. – München, 1914. – S. 137 ff.

/73/ Vernunft als Grundlage der Kunst, 1906. – Zit. nach: Julius Posener: Anfänge des Funktionalismus. – Berlin, 1964. – S. 75

/74/ The tall Office Building artistically considered, march 1896. – Übers. nach: Kindergartenchats and other writings. – New York, 1947

/75/ An den jungen Mann in der Architektur. – In: Modern Architecture. – 1931. – Zit. nach: Frank Lloyd Wright: Humane Architektur / herausgg. v. Wolfgang Braatz. – Gütersloh; Berlin (West), 1969. – S. 162 u. 165; Die Zukunft der Architektur. – München, 1966. – S. 174

/76/ Die Rolle des Ingenieurs in der modernen Architektur. – In: Die Renaissance im Kunstgewerbe. – 1901. – Zit. nach: Henry van de Velde: Zum neuen Stil / herausgg. v. H. Curjel. – München, 1955. – S. 110 ff.

/77/ Die Qualität des Baukünstlers. – Wien, 1912. – S. 23 u. 40 f.

/78/ Das Prinzip der Bekleidung. – Sämtliche Schriften. – Bd. 1. – Wien, 1962. – S. 105

/79/ Entscheidung vom 28. 9. 1912. – In: Deutsche Bauzeitung. – Berlin 50(1916)51

/80/ Über die Beziehungen der künstlerischen und technischen Probleme. – Berlin, 1917. – S. 7

/81/ Karel Lhota: Architekt A. Loos. – In: Architekt SIA. – Praha 32(1933)8. – S. 137 ff.

/82/ An den jungen Mann in der Architektur. – a. a. O. /75/. – S. 149; Ein Testament. – München, 1959. – S. 234 f.

/83/ Unterschrieben von: Regierungsbaumeister a. D. Bruno Ahrends, B. D. A. in Berlin-Dahlem, Heinrich W. Behrens, B. D. A. in Bremen, Prof. Peter Behrens, B. D. A. in Neubabelsberg, Geh. Regierungsrat Prof. Dr. phil. h. c. German Bestelmeyer, Mitglied der preußischen Akademie des Bauwesens in Charlottenburg, Geh. Hofbaurat Prof. Bodo Ebhardt in Berlin-Grunewald. – In: Deutsche Bauzeitung. – Berlin 53(1919)46. – S. 253 f.

/84/ Katalog zur »Ausstellung für unbekannte Architekten« im Graphischen Kabinett J. B. Neumann in Berlin, Kurfürstendamm. – Zit. nach: Ulrich Conrads, Hans Günter Sperlich: Phantastische Architektur. – Stuttgart, 1960. – S. 135

/85/ Vers une Architecture. – Paris, 1923. – S. 79

/86/ baurat, nein – bauherr. – In: fragmente. – berlin, 1968. – S. 16

/87/ Die neue Architektur und ihre Folgen. – 1925. – S. 185 f.

/88/ Präambel der Erklärung von La Sarraz. – Zit. nach: Ulrich Conrads: Programme und Manifeste zur Architektur des 20. Jahrhunderts.

Berlin, 1964. – S. 103

/89/ Zeitgenössische Architektur
in Rußland. – In: Die Baugilde. –
Berlin 10(1928)18. – S. 1370

/90/ Architekturlehre. – Hamburg;
Berlin (West), 1977. – S. 175

/91/ Antworten auf Fragen der
Prager Architektengruppe »Leva
Fronta«, deutsche Fassung: »Der
Architekt im Klassenkampf«. – In:
Der rote Aufbau. – Berlin 5(1932)13. –
S. 614ff. – Zit. nach: Hannes Meyer:
Bauen und Gesellschaft. – Dresden,
1980. – S. 125ff.

/92/ Erziehung zum Architekten:
Vortrag an der Akademie San
Carlos. – Mexiko, 1939. – In:
Ebenda. – S. 204

/93/ Ausblicke auf eine Architektur. – Berlin (West), 1963. – S. 24
u. 90

/94/ Feststellungen zu Architektur
und Städtebau, 1929. – Zit. nach der
Ausgabe Berlin (West), 1964 (Bauwelt-Fundamente 12, Berlin; Frankfurt am Main; Wien). – S. 202

/95/ Auf der Wiener Tagung des
Deutschen Werkbundes 1930. – Zit.
nach: 50 Jahre DWB. – Frankfurt am
Main; Berlin (West), 1958. – S. 46

/96/ Vortrag auf dem 28. ordentli-
chen Bundestag des BDA in Berlin,
Sommer 1931 / herausgg. v. der Hauptverwaltung des BDA. – S. 11 u. 31

/97/ Trotzdem. – Innsbruck, 1931. –
S. 307

/98/ In: Bauwelt. – Berlin (West)
76(1985)3. – S. 106

/99/ Architekturlehre. – Hamburg;
Berlin (West), 1977. – S. 30 u. 184

/100/ Kunst und Maschine, 1917. –
In: De Stijl. – Leipzig; Weimar,
1984. – S. 232

/101/ Ja und Nein: Bekenntnisse
eines Architekten. – In: Almanach
›Europa‹. – Potsdam, 1925. – In:
De Stijl. – a.a.O. – S. 252ff.

/102/ Die Sozialisierung der Baube-
triebe. – Berlin, 1919. – S. 14 ff

/103/ Kommende Baukunst. –
Übers. v. H. Hildebrandt. – Stuttgart,
1926. – S. 16ff.

/104/ Das Bauen ist nicht Archi-
tektur. – In: Das Werk. – München,
1927. – Zit. nach: Otto H. Senn: Der
Architekt Hans Schmidt. – In: Das
Werk. – München (1972)10. –
S. 548f.

/105/ Wie ich arbeite. – In: Archi-
tektura SSSR. – Moskau (1933)6. –
Zit. nach: Claude Schnaidt: Hannes
Meyer: Bauten, Projekte und
Schriften. – Teufen AR, 1965. –
S. (26)

/106/ Die Palette des Architekten. – In: Architektura SSSR. –
Moskau (1934)4. – S. 32f. – Zit. nach:
S.O. Chan-Magomedow: Pioniere der
sowjetischen Architektur. – Dresden,
1983. – S. 555f.

/107/ Probleme des Ingenieurs. –
In: Architektura SSSR. – Moskau
(1934)7. – S. 4. – Zit. nach: ebenda. –
S. 549

/108/ Sechs Bücher vom Bauen. –
1. Bd.: Einführung. – Berlin, 1914. –
S. 3

/109/ Hausbau und dergleichen. –
Berlin, 1916. – S. 4

/110/ Handwerk und Kleinstadt,
1919. – In: Heinrich Tessenow:
Geschriebenes / herausgg. v. Otto

Kindt. – Braunschweig; Wiesbaden, 1982. – S. 131

/111/ Vortrag auf dem Bundestag des BDA 1924 in Marburg. – In: Die Baugilde. – Berlin 6(1924)13. – S. 198

/112/ Nachruf für Emil Faesch, 1907. – Zit. nach: Hermann Thiersch: Friedrich von Thiersch, der Architekt, 1852–1921: Ein Lebensbild. – München, 1925. – S. 213

/113/ Baugestaltung. – Bd. 1: Das deutsche Wohnhaus. – Stuttgart, 1932. – S. 5 u. 126

/114/ 30. Bundestag des BDA, 21.-24. September 1933. – Zit. nach: Das Werk. – München 20(1933)10. – S. XXIXf.

/115/ Stufen des Lebens; Erinnerungen eines Baumeisters. – Stuttgart; Berlin, 1935. – S. 388

/116/ Der Geist der Baukunst. – Stuttgart; Berlin, 1938. – S. 318 u. 321

/117/ Rechte und Pflichten des Architekten / herausgg. v. der Hauptverwaltung des BDA (BRD) 1956

/118/ In: Fortune. – New York (1966)1. – S. 151ff.; Aphorismen 1955. – Übers. nach: Werner Blaser: Mies van der Rohe, Continuing the Chicago School of Architecture. – Basel, 1981. – S. 97

/119/ Der Architekt im Spiegel der Gesellschaft: Ansprache aus Anlaß der Verleihung des Goethepreises der Stadt Frankfurt am Main in der Paulskirche am 28. August 1961. – Zit. nach: Apollo in der Demokratie. – Mainz, 1967. – S. 35

/120/ Architektur im Wandel. – Düsseldorf; Wien, 1965. – S. 114

/121/ Logik der Baukunst. – Berlin (West), 1965. – S. 205

/122/ Gedanken über Politik und Architektur. – In: Tagebuch. – Wien (1966)2. – S. 25f.

/123/ Apollo in der Demokratie. – Mainz, 1967. – S. 16

/124/ Heinrich Klotz; John W. Cook: Architektur im Widerspruch. – Zürich, 1974. – S. 40

/125/ Antwort auf eine Umfrage der italienischen Zeitschrift »Domus«. – Zit. nach: Synopsis. – Basel; Stuttgart, 1970. – S. 34f.

/126/ Architektur. – Frankfurt am Main; Hamburg, 1956. – S. 29

/127/ Neue Strukturen. – Stuttgart, 1963. – S. 8

/128/ Heinrich Klotz, John W. Cook. – a. a. O. /124/ – S. 239

/129/ Ebenda. – S. 47

/130/ Heinrich Klotz: Architektur in der Bundesrepublik. – Frankfurt am Main; Berlin (West); Wien, 1977. – S. 266f.

/131/ Das bauliche Gestalten. – In: Handbuch der Architektur. – Leipzig IV(1926)1. – S. 62f.

/132/ Grundbegriffe des Städtebaus. – Bd. 2. – Berlin, 1928. – S. 4

/133/ Strömungen in deutscher Baukunst seit 1800. – Köln, 1955. – S. 183

/134/ Die Aussichten der Menschheit 1965–1985. – In: Bauwelt. – Berlin (West) 56(1965)36. – S. 1006 u. 1015

/135/ Vorwort zu Gody Suter: Die großen Städte. – Bergisch Gladbach, 1966. – S. 8

/136/ Progress Report on Membership Policy/ed. by TPI, London, 1967. – S. 6. – Zit. nach: Andreas

Faludi: Stadtplaner in Großbritannien: Berufsbild und Berufsausbildung. – In: Archiv für Kommunalwissenschaften. – Stuttgart; Köln II. Halbjahrbd. 1970. – S. 325

/137/ Können die Architekten helfen? (Brief an Walter Kiaulehn). – In: Neue Bauwelt. – Berlin (West) 2(1947)35. – S. 547f. – Zit. nach: Hermann Henselmann: Gedanken, Ideen, Bauten, Projekte. – Berlin, 1978. – S. 66

/138/ Zit. nach: Jo Stubblebine: The Northwest Architecture of Pietro Belluschi. – New York, 1953. – S. 13

/139/ Die große Wandlung im Bauwesen (Diskussionsbeitrag auf der 20. Plenartagung der Deutschen Bauakademie). – In: Deutsche Architektur. – Berlin (1959)2. – S. 66

/140/ Lucius Burckhardt; Walter Förderer: Bauen ein Prozeß. – Teufen AR, 1968. – S. 14ff.

/141/ Architecture for the Poor. – Chicago, 1973. – S. 114. – Zit. nach: Udo Kultermann: Architekten der Dritten Welt. – Köln, 1980. – S. 9

/142/ Der Architekt zwischen Staat, Wirtschaft und humanem Anspruch. – Berlin (West), 1981. – S. 299

/143/ In: Deutsche Bauzeitschrift. – Gütersloh (1987)2. – S. 112

/144/ Kongreßmaterial S. 708

Literatur

Aus der unübersehbaren Fülle im folgenden eine Auswahl:

Allgemeine Werke

Briggs, Martin S.: The architect in history. – Oxford, 1927

Kaye, Barrington: The development of the architectural profession in Britain: a sociological study. – London, 1960

Pevsner, Nikolaus: Zur Geschichte des Architektenberufs. – In: Kritische Berichte zur kunstgeschichtlichen Literatur. – Leipzig, 1930/31 und 1931/32

Ricken, Herbert: Der Architekt: Geschichte eines Berufs. – Berlin, 1977

Altertum

Clarke, Martin Lowther: The Architects of Greece and Rome. – In: The Journal of the Society of Architectural Historians of Great Britain. – vol. 6. – London, (1963)

Mathieu, M. E.: Iskusstwo drewnego Egipta. – Leningrad; Moskva, 1961

McDonald, William Lloyd: The Architecture of the Roman Empire. – London, 1961

Toynbee, Jocelyn Mary Catherine: Some Notes on Artists in the Roman World, Collection Latomus. – vol. 6. – Bruxelles, 1951

Mittelalter

Booz, Paul: Der Baumeister der Gotik. – In: Kunstwissenschaftliche Studien. – Bd. 27. – München; Berlin, 1956

Colombier, Pierre du: Les Chantiers des Cathédrales. – Paris, 1953

Gimpel, Jean: Les Battisseur des Cathédrales. – Paris, 1958

Harvey, John: The Mediaeval Architect. – London, 1972

Tucher, Endres: Baumeisterbuch der Stadt Nürnberg (1464–1475)/ herausgg. v. M. Lexer. – Bibliothek des Literarischen Vereins in Stuttgart. – Stuttgart 64 (1862)

Renaissance

Ackermann, James S.: Architectural Practice in the Italian Renaissance. – In: The Journal of the Society of Architectural Historians of Great Britain. – London 13 (1954)3

Berty, Adolphe: Les Grands Architectes Français de la Renaissance. – Paris, 1860

Meyer, Christian: Die Hauschronik der Familie Holl, 1487–1646. – München, 1910

Pollak, Oscar: Der Architekt im XVII. Jahrhundert in Rom. – In: Zeitschrift für Geschichte der Architektur. – Heidelberg 3 (1910)9

Vasari, Giorgio: Die Lebensbeschreibungen der berühmtesten Architekten, Bildhauer und Maler. – Übers. von A. Gottschewski und G. Gronau. – Straßburg, 1916

Barock

Giersberg, Hans-Joachim: Friedrich als Bauherr: Studien zur Geschichte des 18. Jahrhunderts in Berlin und Potsdam. – Berlin, 1986

Lohmeyer, Karl: Der eigenhändige Lebenslauf des Barock-Architekten Friedrich Joachim Stengel, 1694–1787. – In: Festschrift Karl Koetschau. – Düsseldorf, 1928

Marperger, Paul Jakob: Historie und Leben der berühmtesten Europaeischen Baumeister. – Hamburg, 1711

Schmitz, Hermann: Berliner Baumeister vom Ausgang des 18. Jahrhunderts. – Berlin, 1925

19. Jahrhundert

Choay, Françoise: Techniciens et architectes autour 1900. – In: Art de France. – Paris, 1963

Gurlitt, Cornelius: Zur Befreiung der Baukunst: Ziele und Taten deutscher Architekten im 19. Jahrhundert. – In: Bauwelt-Fundamente. – Berlin; Frankfurt am Main; Wien (1968)22

Schumacher, Fritz: Strömungen in deutscher Baukunst seit 1800. – Köln, 1955

20. Jahrhundert

Chan-Magomedow, Selim O.: Pioniere der sowjetischen Architektur. – Dresden, 1983

Feldhusen, Gernot: Architekten und ihre beruflichen Perspektiven: Der Konflikt zwischen professionellem Anspruch und gesellschaftlicher Wirklichkeit. – Stuttgart, 1982

Gaber, Bernhard: Die Entwicklung des Berufsstandes der freischaffenden Architekten, dargestellt an der Geschichte des Bundes Deutscher Architekten BDA. – Essen, 1966

Gropius, Walter: Die Rolle des Architekten in der modernen Gesell-

schaft. – In: Bauen und Wohnen. –
Zürich (1961)9

Isaacs, Reginald R.: Walter Gropius,
der Mensch und sein Werk. –
2 Bde. – Berlin (West), 1983

Poelzig, Hans: Der Architekt: Vortrag
auf dem 28. Bundestag des BDA in
Berlin, Sommer 1931 / herausgg. v.
der Hauptverwaltung des BDA

Posener, Julius: Vorlesungen zur
Geschichte der neuen Archi-
tektur. – In: Arch+. – Berlin
(West) 48 (Dezember 1979)

Probst, Hartmut; Schädlich, Christian:
Walter Gropius. – 3 Bde. – Berlin,
1985–1987

Schumacher, Fritz: Stufen des Lebens:
Erinnerungen eines Baumeisters. –
Stuttgart; Berlin, 1935

Verzeichnis der erwähnten Architekten
(Auswahl)

200

Abbildungsnachweis

Archiv Autor 8/9, 13, 23, 35, 45, 47, 50, 69, 83, 92, 168, 175, 183, Einband
Bibliothèque Nationale, Paris 25, 41
Bundesdenkmalamt, Wien 114, 115
ETH Zürich, Institut für Geschichte und Theorie der Architektur 101
Foto Scala, Antella Schutzumschlag
The F. L. Wright Memorial Foundation, Talisien West 163
Graphische Sammlung Albertina, Wien 60
Hochschule für Architektur und Bauwesen, Weimar 49, 53, 95, 165, 169
Institut für Denkmalpflege, Dresden 36, 65
Landesmuseum Mainz 57
Library of the Royal Institute of British Architects, London 31
Mainfränkisches Museum, Würzburg 130
Museo Opera del Duoma, Siena 20
Museum of Modern Art, New York 155
National Central Library, London 2
Renno, Eberhard, Weimar 159
Sächsische Landesbibliothek, Dresden 174
Service d'Architecture de l'Oeuvre Notre-Dame, Strasbourg 74
Service photographique de la Réunion des musées nationaux, Paris 63
Staatliche Antikensammlung und Glyptothek, München 17
Staatliche Kunsthalle Karlsruhe 135, 137
Staatliche Kunstsammlungen Dresden, Kupferstich-Kabinett 61, 119, 145, 148, 158
Staatliche Museen zu Berlin 32, 59, 89, 107, 141, 142
Staatliche Schlösser und Gärten Potsdam-Sanssouci 81
Staatsarchiv Dresden 37
Staatsarchiv Potsdam 27
Staats- und Universitätsbibliothek Hamburg 185
Städtische Kunstsammlungen Augsburg 123, 125
Universitätsbibliothek Leipzig/Foto: Ingrid Hänse 79
VG Bild-Kunst, Bonn 167